30天让孩子掌握学习技能

帮助孩子快速提高学习技能

翰墨／编著

民主与建设出版社

◎民主与建设出版社，2018

图书在版编目（CIP）数据

30天让孩子掌握学习技能 / 翰墨编著 . -- 北京：
民主与建设出版社，2018.8
ISBN 978-7-5139-2220-3

Ⅰ．①3… Ⅱ．①翰… Ⅲ．①学习方法－青少年读物
Ⅳ．① G791-49

中国版本图书馆 CIP 数据核字（2018）第 155886 号

30天让孩子掌握学习技能
30TIANRANGHAIZIZHANGWOXUEXIJINENG

出 版 人	李声笑	
编 著	翰 墨	
责任编辑	刘树民	
封面设计	贾 媛	
出版发行	民主与建设出版社有限责任公司	
电 话	（010）59417747　59419778	
社 址	北京市海淀区西三环中路望海楼 E 座 7 层	
邮 编	100142	
印 刷	北京荣泰印刷有限公司	
版 次	2018 年 8 月第 1 版	
印 次	2018 年 12 月第 2 次印刷	
开 本	880mm×1230mm　1/32	
印 张	7.5	
字 数	120 千字	
书 号	ISBN 978-7-5139-2220-3	
定 价	39.80 元	

目录

CONTENTS

第 1 章　把知识提前学到手

第2章 抓住学习的中心环节

第3章 向前走的同时还要往后看

第 4 章　这样做题最有效

第 5 章　记住你想要记的得一切知识

第6章 提高利用学习工具的能力

第8章 提升理科的学习技能

第1章　把知识提前学到手

"凡事预则立，不预则废。"学习就像其他所有活动一样，如果能事先有所预习，那就会提高它的效率和成功概率。一位高考状元曾经说过，预习是"合理抢跑"，一开始就"抢跑"领先，争取了主动，当然容易获胜。

目前，很多同学只重视课堂上认真听讲，课后完成作业，而忽视课前预习，有的同学根本没有预习，其中最主要的原因不是因为没有时间，而是因为没有认识到预习的重要性。要知道，课前预习也是学习的重要环节，预习可以扫除课堂学习的知识障碍，提高听课效果；还能够复习、巩固已学的知识，最重要的是能发展学生的自学能力，减少对老师的依赖，增强独立性；预习可以加强记课堂笔记的针对性，改变学习的被动局面。

1. 好的预习是学习成功的一半

预习最大的好处是有助于形成学习的良性循环。预习使学习活动变得积极主动，站在主动进攻位置上的人当然容易打胜仗。

优等生经验谈：刘国琪，毕业学校：湖南师大附中，2000 年保送北京大学生命科学学院。

刚进高中时，我觉得预习没意思，是浪费时间，反正老师上课会讲。但实践告诉我，课前不预习，听课效率不高，学习效果不好。因为有许多知识，我们往往不可能一次就能认识清楚，需要多次反复地领会，才能有深刻的印象。我觉得预习往往比复习更为重要。我曾经做过试验：预习后听的课，到晚上躺在床上，还能较完整地回忆起上课的内容。因此复习工作只要躺在床上用脑子进行就行了。如果没有预习就去听课，那么，课后只能记得一些大概。比如只记得一个公式，至于这个公式是如何推导、如何证明的，还有上课讲的例题等就印象不深了。

就像刘国琪同学所说的那样，预习可以说是提高听课效率的重要一环。课前做了充分的预习，对所学新课有了整体的了解，对新课要讲什么，重点是什么，难点是什么，心中有数，听起课来顺理成章。

预习时虽然不能把教材全部弄懂，但是只要努力总能弄懂一些。对自己弄懂的东西，我们对它会产生兴趣。虽然努力仍未弄懂的东西，我们对它会产生一种强烈的求知欲。在这种心理状态下听课，精力自然就会集中到新课的重点、难点和疑点上。听课时，目的就会明确，注意力就会集中，思维就会主动。再经过老师的讲解、指点与启发，对知识的领会便可以进入更高的境界。

高效锦囊

通过预习不仅对新课的内容达到了初步的领会，从而降低了学习新课的难度；而且大大减少了听课的盲目性、紧张感，调动了学习的积极性，有利于知识的当堂消化和吸收。

由此可见，课前预习与否对听课效率起着至关重要的作用。

2. 怎样使学习由被动变主动

学习被动的同学，往往是由于上课听不懂，而上课听不懂的直接原因是课前不预习。因为学习中缺少预习这一基础环节，而影响上课这一中心环节的质量。上课效果差，又涉及到复习、作业等环节，使学习陷入被动局面。

优等生经验谈：张双益，毕业学校：湖北老河口市一中，2002年考入北京大学物理学院。

我们常常看到这样一些同学，他们学习很努力，一天到晚忙忙碌碌，有做不完的作业、改不尽的错题，时间总是不够用，学习成绩总是不理想。如何改变这种被动的局面呢？办法只有一个，变被动为主动，变不良循环为良性循环。

越是时间紧，越要抽出一定的时间预习。通过预习避免无效的活动，通过预习赢得学习的时间，通过预习扭转被动的学习局面。

同时，张双益同学还提到，预习对培养自学能力也是一个重要方法。自学能力就是独立学习、独立获取知识和更新知识的能力。

一个人为什么要有自学能力呢？首先，自学能力直接影响我们的学习质量。如，在老师让同学们自己阅读教材回答问题时，我们就会发现，有些同学阅读的速度快，对所阅读的内容分析概括的既准确又全面。有些同学则不然，不仅阅读速度慢而且回答问题时抓不住要领。前者是有自学能力的同学，他们的学习速度快、掌握知识所用的时间短、学习质量高。后者则是不具备自学能力的同学，结果相反。其次，在同学们的学习过程中，既包括以老师指导传授为主的上课环节，也包括课前预习、课后复习、作业、阶段复习等以自学为主的环节。因此，同学们在校学习虽然不以自学为主，但是自学是同学们学习中不可缺少的一部分。自学能力接影响着预习、课后复习、作业、阶段复习等学习环节的质量。因此，要提高学习质量，必须提高自学能力。

高效锦囊

预习使我们有精力去考虑更深层次的问题如，当老师讲到预习时已经弄懂了的内容时，可以验证一下自己对知识的领会是否正确可以向老师学习考虑问题的思路，看老师是如何提出问题、如何分析问题和解决问题的，学习老师的高明之处。

因此，对那些在学习中一直感觉被动的同学来说，使用预习这个方法可以使你改变这种状况。

3. 提高预习效率的三个关键

预习要持之以恒，形成习惯，才能收到良好的效果，同时根据课程安排、学科特点、自身情况，灵活安排预习时间。

优等生经验谈：刘枫易，毕业学校：四川郫县一中，2002年考入北京大学生命科学学院。

打无准备的仗必输，没有预习的功课一定不会好。要想提高你的学习成绩，必须牢牢抓住预习这个关键环节。但怎样才能提高预习的效率呢？根据我的经验，我认为提高预习效率必须要牢牢抓住三个关键问题，那就是灵活安排预习时间、持之以恒，逐步提高和防止两个极端。

下面，我们就刘枫易同学所提出的这三个关键问题来详细谈谈。

（1）灵活安排预习时间

预习时间的安排，要在服从学习整体计划的前提下灵活安排。根据每天的空余时间，决定预习的科目及每科的时间，要保障所选择的重点学科，课前预习一般在20分钟左右，时间多时预习可以充分点，钻研得深点。闲时可以多搞一点阶段预习和学期预习。闲时"向前学"是优等生的经验。

（2）预习要持之以恒，逐步提高

有的同学经过一段时间的预习后，感到学习成绩并没有明显的提高，就想放弃预习，这是不可取的。因为学习成绩与多种因素相关，只有在搞好预习的同时，也搞好其他学习环节，才能取得满意的结果。另外，预习的质量也有一个不断提高的过程。因此，预习不能浅尝辄止，持之以恒方能奏效。

（3）预习中要防止两个极端

预习中要防止两个极端：一是预习过粗，流于形式，达不到预习应有的目的。二是预习过细，以至于上课没有什么可听的，甚至打乱了整体计划，影响了其他学科，虽然有收效，但时间利用得不经济、效果不好。

🏺 高效锦囊

适度的预习应该是：

1. 重温相关知识，扫清听课障碍；

2. 大致了解新课的内容和思路；

3. 找出疑难问题和需要深入研究的问题。

总之，如果同学们能够抓住预习中的这三个关键问题，才能最大限度地提高预习的效率。

4. 课前预习的重点是阅读教材

课前预习是最主要的一种预习方式，它的重点就是通过阅读教材，达到对新知识的了解、理解和掌握。

优等生经验谈：张正伟，1997 年贵州省文史类高考第二名，就读北京大学法律系。

我个人认为，课前预习的任务主要是初步理解下一节要学的基础知识；复习、巩固、补习与新内容相联系的旧概念、旧知识；归纳新知识的重点，找出自己不理解的难题。在实践中，课前预习方法主要是阅读教材，由于我们对教材的内容已有了初步的了解。因此，对老师上课所讲的内容和板书所写的内容，哪些是教材上有的，哪些是老师补充的一清二楚。记笔记，重点记教材上没有的或自己不清楚的，以及老师反复提示的关键问题。这样，就可以把更多的时间和精力用于听讲和思考问题上。

在阅读教材进行预习时，同学们可以按以下五步来做：

第一步：认真通读教材，边读边思考，找出重点、难点和疑点，可以适当做笔记或批注。

第二步：利用工具书、参考书扫除障碍。

第三步：对不懂的问题进行分析，如果是由于旧知识被遗忘了或存在知识缺陷造成的要及时补救。对经过努力还不懂的问题记下来，等上课时听老师讲解。

第四步：读完教材后合上书本，围绕预习任务思考一下，教材讲了哪些内容，主要的思路是什么，哪些是新知识，与新知识有关的旧知识是什么，还有哪些问题不理解，等等。

第五步：如果时间允许的话，可以试做一些练习题检查一下预习效果。

⌛ 高效锦囊

> 预习的方式是精细还是粗略，精细、粗略的程度如何，要在预习前想到。如英语每堂课语法单一、单词量少，只要稍作了解就行，但像物理这样的课程，逻辑性强，难度大，最好采用精细的方式预习。

记住，课前预习要抓住教材这个关键，不要在还没读教材的情况下就去看大量的参考书。

5. 阶段预习宜粗不宜细

阶段预习是一种宏观性、综合性的预习，主要是了解总体知识的脉络和体系，因此宜粗不宜细。

优等生经验谈：屠彬，毕业学校：天津一中，2002 年考入北京大学经济学院。

阶段预习是对近期将要讲授的功课内容从整体上进行粗线条式的浏览，以求得初步印象的一种预习方法。一般来说，以章或单元为整体单位时比较可行；而像史、地等科目的预习则可以截取某个相对完整的时代或相对独立的区域作为整体预习的单位。

经过这样的预习，可以使我们对某一部分学习内容的量、难度、编排方式等有了大致的了解，做到心中有数，增强自信心。同时，还便于我们制订出科学的（短期）学习计划，协调各科的学习时间，提高对学习活动的预见性。

一般来说，阶段预习的方法主要有以下几种：

（1）单元目标法

单元目标法是指根据单元的学习目标和学习要求，进行预习，预习后再对照目标要求检验预习效果。例如，可以利用教材中每小节前方框中的学习基本要求和每章后边的"小结与复习"中的知识点、学习要求进行预习，再以它们为标准检查预习效果。

（2）单元教材研读法

单元教材研读法是指通过对单元教材的认真阅读，研究教材的重点、难点和疑点，达到对单元内容的整体了解，并能了解各章节在单元中的地位及其相互关系。

（3）图表整理法

图表整理法是指通过预习把涉及到的概念、原理、公式、定理，用图表形式列出来，找出规律和联系。

高效锦囊

预习中关于发现问题，能自己解决则解决，不能解决的，一定要记录下来，不必花太多的时间思考。带着问题听课时，目标就非常明确，注意力也易集中。

由此可见，通过阶段预习，可以使我们的整个学习更加具有针对性。

6. 学期预习的注意事项

学期预习的主要任务是了解教材的知识结构以及明确本学期学习的目标和任务。

优等生经验谈： 沈成然，毕业学校：安徽金寨一中，2000 年安徽省文科状元，就读北京大学法学专业。

进行学期预习时要从整体上把握一本教材的知识结构，锻炼自己独立驾驭教材的能力，即学会自己分析教材的知识结构，自己处理基础知识，自己解答习题，从中培养自学能力。

我个人的经验是，学期预习最好先选择一科进行，一是弱科，一是拿手科。初步摸索出一定的经验，再将此法推广到其他学科。

学期预习的方法有以下几种：

（1）序言法

序言法是指通过认真阅读教材的序言，了解教材的内容、结构、重点、难点等内容的方法。

（2）目录法

目录法是指通过阅读目录，了解教材的内容和结构。

（3）浏览教材法

浏览教材法是指在认真阅读序言、目录的基础上，粗读整本教材，了解教材内容的概貌。

（4）教材分析法

教材分析法是对整册教材进行归类和写教材分析。例如，语文教材的教材分析主要有以下几个部分：列生字表、列生词表、语法知识归类、列文学常识表、习题归类表、写出单元分析等。

⧗ 高效锦囊

　　学期预习的目的不在于精确地掌握细节知识，而在于培养从整体上驾驭教材的能力。预习完一科后，应初步掌握基本概念及教材的整体知识结构。当教师讲到某一知识点时，只要你能明确这一知识点在知识结构中处于怎样的位置时，就达到预定的目的了。

记住，学期预习的最佳时间一般是在寒暑假进行，如果等到开学则为时已晚。

7.预习最好分两步走

预习的关键是要真正学进去，有些同学很随便的看看书就说预习完了，这样的预习几乎没有什么效果。因此，为了加深印象，时间充裕的同学最好将预习分成两步走。

优等生经验谈：宋天奇，内蒙古通辽理科高考状元，就读清华大学物理系。

预习的时间掌握在 30 ～ 40 分钟之间，最好分两步。即预习两遍，看自己在不同的时间里对同一问题是不是有不同的看法。再来听老师的讲解就会认识深化两次。时间间隔以一天为最好，在时间充裕的情况下可以提前查阅资料，对将要讲的知识做到心中有数，也能增加学习的信心，如果时间较少，也可以大概的学习，但绝对不能一无所知，冒冒失失地就去听课，那样效果不会好。

宋天奇同学的这个预习经验有些地方需要解释：

（1）每次预习的时间掌握在 30 ～ 40 分钟，也即约一节课的时间。这一点，似不必拘泥，完全视预习的对象和自己的时间而定。预习的功课难，自己的时间宽，那么预习的时间也就不妨长一点；预习的功课易，自己的时间紧，那么预习的时间就不妨短一点。比如一位同学在总结自己的学习时就说："20 分钟的预习，改变了我的学习被动的局面。"

（2）预习两遍，间隔一天。比如，对化学卤素这一单元内容，周三用 30 分钟预习一遍，周五再用 30 分钟预习一遍，这样到了下周老师讲到这一单元内容时，就能够更深地理解老师所讲的内容，更准确地把握难点、重点。

（3）如果时间充裕，应多查课外资料，将预习引向深入；如果时间较紧，也至少应大致翻翻。不应不经预习一无所知就去听课，那样学习效果不好。

⏳ **高效锦囊**

> 预习不同于自学，而仅是一种"课前自学"，不要求把新内容全部弄懂弄通，否则把预习等同于纯粹的个人"自学"，不仅会加重学业负担，而且会影响听课质量，就会"过犹不及"。

记住，多花点时间在预习上是最见效最快的方法。

8. 如何改善你的预习效果

大家都在预习，但为什么有的同学效果明显，而有的同学却不见成效呢？其实，这主要还是个方法问题。

优等生经验谈： 乐祖晖，1996 年考入清华大学电机系。

可能有的同学会说："我也经常预习，为什么效果不大呢？"我想，这大概是方法问题。因为预习仅仅看一遍书是不够的，就我个人的体会看，预习的任务实际上至少包括两个方面；一是标明不懂的地方，二是记住基本的框架。不少同学只完成了头一项任务而忘记了第二项任务，预习的效果当然就不太好了。

在乐祖晖同学看来，预习应该根据不同类型的课，注意以下两个方面的问题：

（1）如果这堂课偏重概念或定理，那么我们把书上的内容通读之后，首先应该回想一下，这一节中有几个概念、几条定理，它们都说了些什么？如果还不清楚的话，就应该再仔细地阅读，不能怕"浪费时间"。等把这些问题都弄清了，再结合书中的例子，对每条定理、每一概念逐一进行剖析，加深理解。值得注意的是，定义都是用最精炼的语言写成的，抽去或者忽略其中任何一句话，甚至一个字，都可能歪曲其本来面目或者产生理解上的错误。所以，预习时对这些定义应该逐字逐句地进行分析。

（2）如果这堂课是做实验，那么我们首先应该了解本次实验的目的和要用的器材。其次是要了解实验步骤，一边看书，一边在脑子里进行"实验"，尽力想象每一步骤中会出现什么现象，这些现象可以用哪些定理、定律来解释。对于书上指出的一些注意事项，我们也要想一想，为什么要注意这些问题？反之又会如何？这样可以提高实验的成功率，也可以加深对实验的印象。

⧖ 高效锦囊

> 要加强弱科的预习，对自己觉得较差的一科或几科，要多用点时间，搞得精细些，且养成良好的习惯，持之以恒，这样就会使预习、学习、复习形成一个有机的循环，通过坚持不懈的努力是会消灭弱科的。

记住，预习时不要搞形式主义，要看最终的效果。

9. 预习中的"购物"智慧

所谓预习中的"购物"智慧，就是指在预习中要"货比三家"，要将不同的资料联系起来进行比较。

优等生经验谈：丁之，毕业学校：北京四中，考入北京大学。

我从小喜欢文史，拿定主意报考北大历史系。为此曾偷偷溜进北大蹭着听过课。听北大的老师讲，文史是讲究"底子"的，底子要好、要厚。于是在高一那年暑假时，我借来一大堆有关《论语》的书，准备以此为"突破口"，先攻下"四书"再说。

有一天，我在读杨伯峻先生的《论语译注》时，有些问题不太明白，便顺手翻阅钱穆先生的《论语新解》，两书参看。看了钱穆先生的书，我觉得在有些问题上，钱先生讲的比杨先生明白。心中很是佩服。后来，我又读了明代学者李贽的《四书评》，才知道钱先生的一些话，似乎又是从李贽那儿来的……

通过这个事例，丁之同学明白了一个道理：看书时，要"货比三家"，才能学到东西，才会深入进去，才会有所收获。

从丁之同学这个事例我们不难看出，"不怕不识货，就怕货比货"这一购物上的智慧，同样可以用到学习上，用在预习时。"货比三家"，是外行认识事物本质从而变成内行的一个最常用、最简便的方法。事实上，比较，是我们从小就用的一种认识事物的方法。

所以，我们预习看书时，应该把甲书与乙书、与丙书……都有机地联系起来，才会看出问题，才会收效更大。可不知为何，在学习的时候，很多同学似乎也忘记了这一点，看书时，甲是甲、乙是乙，联系不起来，收获自然会不大。

⏳ 高效锦囊

> 预习有时需要阅读参考书，但又不能完全依赖参考书，对于有关人文知识方面的学习，有可能要参阅更多的课外书籍，这样往往会收到意想不到的效果。比如对于小说，要了解小说反映的时代背景，学习有关风土人情方面的知识，最好要多了解一些相关的基础知识，这样有利于加深对课义的理解和认识。

丁之同学没有谈这一方法是否可以用来预习文科其他

各门功课，是否适合用来学习理科？我们认为，"货比三家"预习法，应该是一种带有普遍意义的预习方法。既可用来学习文科，也可用来预习理科。不信，可以试试看。买东西，货比三家不吃亏；学东西，"货比三家"也不会吃亏的。

10. 循序渐进的"五步骤预习法"

与很多其他事情一样，预习也要循序渐进，也要讲步骤和程序。

优等生经验谈：江云亮，毕业学校：新疆乌鲁木齐市一中，2003 年保送北京大学信息科学技术学院。

预习就好像练习内功，你预习过了就好比体内已有一股真气奔来走去，这时只需老师稍加引导，真气就会顺着气脉运行。练习内功最讲究的就是循序渐进，不然就会走火入魔。预习也一样，要循序渐进，分步骤进行。掌握了科学预习的步骤，不仅能提高预习速度，而且对高效率的课堂学习起着重要的作用。

下面我们来简单介绍一种五步骤预习法：

（1）疏通

将教材内容先看一遍，疏通文字，大体了解教材的意思。

（2）摘录

将教材的重点和要点抄录在预习笔记本上，或者在书上有关的地方划上红线。

（3）质疑

对教材上不理解或含糊不清的地方可以在书边打上"？"，也可以记在预习笔记本上，以便上课时向老师提出或注意听老师讲解。

（4）求解

查找和阅读有关参考资料，对提出的问题试着解决。

（5）回想

将独立看过并初步理解的内容回想一遍，课文共讲了哪几个问题，主要思路是什么，还有哪几个问题不清楚，等等。

高效锦囊

预习的结果，应该写成笔记，以便上课时有所依据。做预习笔记的方法，可以根据自己的情况，不拘一格，灵活多样。

记住，预习时不能急于求成，要按照科学的步骤一步一步来进行。

11. 预习也要"三遍过滤"

预习也要像过滤纯净水一样，层层过滤，最后省下的自然是最有价值的东西。

优等生经验谈：荣希，毕业学校：天津外院附中，2002年考入北京大学经济学院。

预习语文有一种很好的三遍过滤法，现在拿出来与大家分享。这里的三遍过滤是一个去粗取精的过程，经过层层筛选，将预习课文中的重点、难点、疑点挑出来，第二天带着问题去听课，必然能提高学习效率。

根据荣希同学的经验，运用三遍过滤法来预习语文的具体操作过程如下：

（1）准备词典一本，然后进行第一遍粗淘

第一遍要求不高，只需淘去生词，把课文读通。在阅读时，遇到生词或生僻的字就翻阅词典，除弄清词义、会读会写之外，还要思索它的近义词和反义词，最后用这个词造句，就能将这个词彻底弄懂了。

（2）第二遍，要求读懂课文，弄清它的脉络

首先给课文分段落，试着概括出大致意思。然后找出一些自认为写得精彩的词句加以体会，用老师平时分析词句的模式简析一遍，看看到底好在哪里。对于一些意味深长，自己弄不清的词句，就要及时向老师询问。最后还要把握课文的写作特点。这样，学的课文多了，自己构思作文的能力自然就提高了。

（3）第三遍，要精心筛选，去粗求精

先自己体会作者写某篇文章的用意，然后参考一些资料，弄清写作时间及背景，体会作者要反映或揭露或抨击或赞美的某些东西，然后概括文章中心。再从文中找出一些细节描写，根据中心，想想它们在文中的作用。

如此这般，对中心就有了更深入的理解。这样是整体理解的一步，综合能力运用的一步。如果能轻松越过，那对其他文章的理解就能驾轻就熟了。

高效锦囊

> 预习要讲究主次，不宜将预习作为学习的主要过程，以致上课也不听，这样会适得其反。

因此，预习也要像沙里淘金一样，筛的越细，最后的收获也就越大。

12. 层次分明的"提纲预习法"

与"三遍过滤法"一样，"提纲预习法"同样是一种适用于文科的高效预习方法。

优等生经验谈：张丽娜，毕业学校：辽宁大连23中，2002年考入北京大学外国语学院。

预习时把重点的地方画出来，这只是第一步。有的科目像历史、地理、生物、政治等，还可以运用提纲预习法，以增强预习的效果，加深理解和记忆。

这种提纲预习法就是把所学的内容列成不同形式的提纲，提炼概括为有逻辑联系的纲要结构，使之脉络清晰，层次分明，文字精炼，观点突出，便于掌握章节大意和中心思想。

下面，张丽娜同学以历史课的《战国、秦、汉》单元的第一章第一节《商鞅变法和封建制度的确立》为例，来为我们详细介绍了提纲预习法：

第一个问题：战国七雄（略）

第二个问题：商鞅变法（提纲列法如下）

（1）背景

△土地所有制改变，封建经济要求发展；

△各国相继变法，公元前 359 年秦孝公任用商鞅实行变法。

（2）内容

△废除井田，承认土地私有；

△奖励军功，废除世袭特权；

△建立县制，实行中央集权；

△奖励耕织，禁止弃农经商。

（3）意义

△打击了奴隶主贵族，壮大了地主阶级

△确立了封建制，奠定了统一基础

第三个问题：封建制度的确立（略）

通过上述提纲预习法我们可以看到，每一课的预习根据情况都可先立若干大提纲。如上例，根据课文可列出"背景、内容、意义"三个大提纲，然后再在每个大提纲下列出若干小提纲。

⧗ **高效锦囊**

> 因教材的目录仅列出每课的名称，比较粗略，预习时不妨将每课下的小标题抄下，编成"补充目录"，以利于对学习内容的层次感的把握。

提纲预习法层次分明、脉络清晰，既容易理解，又便于记忆。应该说，这种预习法对历史、地理、政治等科目的学习确实效果不错。

第2章　抓住学习的中心环节

　　听课是学习的中心环节，听课是学生学习的中心环节，在中学这一人生的黄金时代，大部分宝贵光阴，其实就是在课堂里度过的。如果不把上课作为学习的中心环节，那可真是所谓"捡了芝麻丢了西瓜"。

　　听课也有一个方法的问题，目前，有相当一部分同学不善于听课，有的注意力不能集中与稳定，极易分心走神；有的受自己的兴趣支配，45分钟的课听得断断续续，支离破碎；有的不善于观察和思考，只是被动地听，激不起思维的浪花；还有的不注重向课堂45分钟要效益，认为只要下课后认真看书和复习，听不听课无所谓，因而出现上语文课看数学书，上数学课做物理作业等怪现象。

1. 与老师的思路合拍

每个老师授课都有自己独特的思路，在听课中，如果能够抓住老师的思路就能取得良好的学习效果。

优等生经验谈：刘宇，毕业学校：江苏省姜堰中学，考入北京大学光华管理学院。

以前，我听课遇到不懂之处，总是急于马上弄懂。但是，当我还在继续思索这个没弄懂的问题时，老师却按教学进度继续往下讲了。因此下面的内容我就没有听进去，只得下课后自己去啃。这样常常事倍功半，甚至劳而无功。后来，我改变做法，听课遇到疑难时，就在书上做个记号，继续听课。有时会在听课中茅塞顿开；如果仍未弄懂，就课后思考；课后钻研仍无法解决，再和同学讨论或请教老师，直到弄懂为止。总之，上课要紧跟老师的思路，不能只顾自己思考问题不听课，要避免顾此失彼的被动局面。

除此之外，刘宇同学还总结了一些上课时如何抓住老师思路的方法。

（1）根据课堂提问抓住老师的思路

老师在讲课过程中往往提出一些问题，有的要求回答，有的则是自问自答。一般来说，老师在课堂上提出的问题都是学习中的关键，若能抓住老师提出的问题深入思考，就可以抓住老师的思路。

（2）根据老师的提示抓住老师的思路

老师在教学中经常有一些提示用语，如"请注意"、"我再重复一遍"、"这个问题的关键是……"等等，这些往往体现了他（她）的思路。

（3）紧跟老师的推导过程

老师在课堂上讲解某一结论时，一般有一个推导过程，如数学问题的来龙去脉，物理概念的抽象归纳，语文课的分析等。感悟和理解推导过程是一个投入思维、感悟方法的过程，这有助于理解记忆结论，也有助于提高分析问题和运用知识的能力。

🕰 高效锦囊

> 听课时记好笔记不仅有利于理解和记忆，而且有利于抓住老师的思路。

记住，只有在听课时与老师的思路合拍，这节课你才是上的最有效果的。

2. 抓住关键内容

这里要强调的是，听课时你虽然不可能把老师所讲的每一句话都印在脑子里，但老师所讲的这节课的关键内容你一定要抓住。

优等生经验谈：李立志，毕业学校：湖南省衡阳一中，2002 年考入北京大学元培计划实验班。

过去我在学习中常有这种情况：上课听听都懂，可课后做习题时又觉得抓不住要点。后来我找了原因，发现自己上课听得不仔细，没有抓住老师所讲的关键内容，没有领会老师某些话的深刻含意。比如上政治课，我听过就算，不去领会老师为什么要讲这些，要说明什么问题，怎样说明，以及这个问题的要点是什么。这样一堂课下来当然抓不住要领了。

一般来说，老师讲的都要听，但有时老师为了照顾不同层次的学生，采取不同的方式讲不同层次的内容，这时学生就要根据自己的实际情况有重点地听，即抓住对于自己有重要意义的关键内容。

具体而言，听讲的关键内容主要有：

（1）基本概念，基本原理，基本关系式等；

（2）老师补充的重要内容；

（3）老师点出的学生最容易混淆和出错的地方；

（4）预习时未完全弄明白的学习内容。

⌛ 高效锦囊

老师讲课在多数情况下是根据教材本身的知识结构展开的，若把自己预习时所理解过的知识逻辑结构与老师的讲解过程进行比较，便能提高听课的效果。

也就是说，上课时要紧跟老师的思路，等老师讲到关键之处时，更要特别留心，紧抓不放。

3. 不要把听课变成"听记"

在听课时，不少同学都感觉在处理笔记与听讲时，往往顾此失彼。其实，把听课变成"听记"是最不合算的，不如记一点简单笔记，把重心还是放在听讲上。

优等生经验谈：罗萌，1996 年高考宁夏回族自治区理工类第二名，考入清华大学自动化系。

在上课时，有的同学喜欢把老师解题的全过程一字不漏地抄下来，这往往造成了只顾抄写而忽略了分析，只接受结果而忽略了思想方法的问题，老师的例题自然就起不到应有的作用。我的习惯是抄完题后，先听老师的思路，听老师是怎样认识题、分析题，又是怎样把题目与所学过的知识联系起来的。听完了这些，把握了总体的脉络，再记下答案，课后复习时依照所记的分析，自己把题做出，再进行归纳总结，效果挺好的。久而久之，这样积累下的思路方法就成了自己的，应用起来得心应手，这绝不是仅仅抄几道例题所能得到的。

也就是说，上课时要有选择地记笔记，做到重点突出，详略得当。记课堂笔记最忌不加选择，像"速记员"那样，老师讲什么就记什么。应把注意力集中在记老师讲授的重点、难点和自己听讲中的疑点上。为此，应做好课前预习，了解新课的大体内容，明确其重点、难点，找出还弄不清楚的问题，以便带着问题听讲和参加课堂讨论，并为确定记笔记的内容打下基础。例如，老师讲的与课本内容基本相同的，可以少记，主要记补充内容；老师讲的与课本内容思路差异较大时，应多记，把老师的思路记全，对难度较大、一时还难以理解的地方，可少记或做记号，集中精力听讲，在笔记上留出空白，以便课后补上，等等。

⏳ 高效锦囊

记笔记的形式要因学科而异，充分体现各学科的特点。一般地说，英文课、语文课的重点词语、句型，直接记在书页上即可，既能节省时间，又便于复习时查找；数、理、化主要记老师解题时的新思路、补充的定义、定理、公式及补充的例题等；政治、历史则着重记老师对问题的综合阐述，以便加深理解，加强记忆。

总之，上课时最主要的任务就是听讲，千万不要把自己变成了"抄写员"。

4. 不仅用耳，还要用脑

有很多同学反映：上课时老师讲的我都听了，为什么学习效果还那么差？最主要的原因就是这些同学上课时只是盲目的用耳朵在听，而没有让大脑来思考。所谓"学而不思则囿"，说的就是这种现象。

优等生经验谈：柏青，毕业学校：陕西省西安中学，2001年陕西省高考文科状元，就读北京大学。

同样是听一堂课，为什么有的同学收效甚微呢？主要原因就是他们没有把"听"和"思"结合起来。要知道，听课的含义远不止被动地听老师在说什么。我有一种方法可以帮你有意识地进行思考，即他一边讲，你一边猜想他下面要说什么，这会促使你全身心地投入，积极地倾听和思考。因此，不要做一个被动的信息接受者，要充分调动自己的积极性，将自己的思维和老师的讲课过程紧密地联系起来，这样听课的效果才最好。

由此可见，在听课时积极思维、听思结合多么重要。那么，在课堂上如何进行思维呢？

（1）超前思考，比较听课。上课不仅要跟着老师的思路走，还要力争走在老师思路的前头。譬如，老师刚提出一个问题，就应主动去寻找答案，然后和老师的答案核对。自己想对了，老师再一讲，就记得更扎实；想不出来，或和老师的答案不一样，再听老师的讲解，自己的理解也会更深刻。

（2）从老师的讲解中舍弃那些非本质的表面材料，去粗取精，归纳出老师所讲内容的梗概，领会老师讲解的要点，并使这些内容与自己原有的知识结构融为一体。

（3）揣摩老师讲解的意图。弄清老师是在陈述一件事，还是在说明一种物；是在抒发某种感情，还是在发表某种议论；是在探讨某个问题，还是在提出某种疑问。

（4）体会老师在讲课过程中提出的有益的学习方法，并寻找合适的机会灵活运用它，以提高自己的学习效率。

⌛ 高效锦囊

> 听课时，在理清老师思路的基础上，思索老师用了哪些思维方式，思维过程是怎样的。将老师的思路与自己的思路相融合。

所以说，同学们不要认为上课就是听讲，只带耳朵就行了，记得还要让你的大脑也运转起来。

5. 掌握"猎枪"，放弃"干粮"

在听课时，有的同学只注重老师讲的知识本身，而没有注意老师所讲的学习方法。这样听课是一种低层次的、质量不高的方式。就像北大的一句老话一样：我们要的是猎枪而不是干粮，只有掌握了"猎枪"，我们才能擒获更多的猎物。

优等生经验谈：孟宪秋，2002年考入北京大学政府管理学院。

很多同学可能都没有意识到，上课时，老师常有针对性地介绍学习方法，有时又寓学法于讲解、归纳、演绎、分析、综合、解题之中，潜移默化地"授人以法"。对我们来说，一定要有意识地捕捉这些解题、分析教材、记笔记、总结、系统归类、对比、演示、变式等技巧。这些内容对我们来说都是无价之宝，可惜有的同学却偏偏把它们都放弃了。我们应当在听课时把这些感受、收获记录下来，使自己既获得了知识，又得到了"猎枪"，这样才能有效地提高学习能力。

在上课时，老师一般都是按照教学大纲来讲，不会也没有时间专门进行学习方法的讲解。所以，老师们会在讲解某一具体知识或例题时，将学习方法融合其中。对于善于听课的学生来说，他们往往能将这些方法牢牢地掌握。

例如：初中几何老师在解"求证等腰三角形顶角平分线平分垂直底边"这一题目时，可采用多种定理找出五六种解法（高中则可找出十几种解法），这样无形中就传授了"思维发散"的方法；英语老师为帮助学生记忆知识，常常分析词的构成，如动词构成名词、形容词的规律，常常讲动词8种常用时态的基本用法和特征，这样就传授了总结和归纳的方法；语文老师为培养同学们的写作能力，必然会指导学生观察、理解生活，这样就培养了观察事物特征和抽象事物本质的能力；物理老师要教学生理解各种物理现象和变化，一定要教会同学透过表面现象认识物质运动的规律；政治和历史老师则可通过一些事件来教学生认识社会的变化和发展，这样便培养了辩证唯物主义的观点。

⌛ 高效锦囊

> 　　一个差的听课者要的仅仅是事实，而一个好的听课者想知道事实是怎样证明原理的，例子又如何说明概念的，论据是怎样证明论点的。尽管事实是重要的，但只有和原理、概念、论点联系起来才有意义。

　　在听课中，如果能既学到了书本上的知识，又掌握了科学的学习方法，那岂不是一举两得的好事。

6. 掌握课堂注意力的调换

大家都知道，听课时要全神贯注，但中学生是很难保证一堂课自始至终都高度集中注意力的。这时，我们就要掌握课堂注意力调换的方法。

优等生经验谈：李洋，毕业学校山东五莲一中，2002年山东省文科状元考入北京大学金融学专业。

我曾经看过一本杂志，上面说人的注意力不可能长时间地保持固定的状态，而是经常间歇地加强或减弱，而中学生的持续注意力一般在 20 分钟左右。于是，我在上课时就留心观察，发现有经验的教师常常在一堂课内以几种不同的形式组织教学，如讲授 15 分钟新课后，安排一定时间的讨论或进行随堂训练，或穿插一些演示实验操作，或在短暂的时间内以诙谐的语言调节下课堂气氛，以避免出现听课疲劳状况，维持我们注意力的稳定性。所以，同学们也应掌握这一规律，主动跟上老师课堂上对注意力调换的节奏。

有的同学不重视注意力的调换，往往一堂课下来觉得很累。也有的同学注意力调换以后，不能随着教师的节奏重新回到原来的学习中来，如教师已经停止实验操作开始讲授新课，而这些同学的注意力仍停留在已做完的实验上，或是仍停留在教师安排的某些有趣的课堂插曲上，即不能根据新的学习要求，主动地将注意从一个对象转移到另一个对象上。同注意力的稳定性一样，注意力的转移也是注意力的一项重要品质。因此，同学们在平时的学习实践中应有意训练自己的注意力，以培养良好的注意品质。

⌛ 高效锦囊

一个差的听课者会因一点小小的理由：脚步声、门的开关声、咳嗽声以及铅笔落地的声音而中断聆听教师的讲课。一个好的听课者则会约束自己不去理会使他分心的事，而将注意力集中到讲课者所讲的内容上。

记住，如果你不能整堂课都保证全神贯注的话，就要学会掌握课堂注意力的调换和转移。

7. 你也是课堂上的主角

这里想要强调的是，学生在听课的时候要主动、积极地参与课堂内的全部学习活动、思维活动。比如，大胆发言，

参加课堂讨论，争当课堂学习的主人

优等生经验谈：蓝图，毕业学校：湖北省大冶一中，2001年考入北京大学中文系。

有的同学认为，上课就是老师讲，学生听；他们把学习比作送货物进仓，自己只要打开"仓门"等老师把货物装进去就行。这样的听课，是把自己放在被动的地位。

老师的讲解和指导为同学们学习创造了前提条件，但老师的讲解和启发再好，如果同学们不积极参与，不主动消化和吸收，是不能很好地完成课堂学习任务的。课堂学习和吃饭一样，别人是不能代替的。所以要上好课，必须积极参与课内的全部学习活动，不当旁观者。具体地说，对老师的每一个提问，都要积极思考，主动发表自己的看法，认真参加讨论；对每次演示实验，都要仔细观察或参加。

在课堂上，要做到积极地参与，以下这两个小问题不能不高度注意：

（1）我是否掌握足够的知识去积极参加课堂讨论？

由于绝大多数老师都紧跟教材，所以一般情况下，都可预测出课堂讨论的内容。如果你没有胆量发言，就要事先猜测一两个你认为可能讨论的题目，并做好准备，这样会使你感到安全，能帮助你克服恐惧感。

（2）我是否有回答正面问题的聪明方法？

回答问题最好用肯定形式，而不是否定形式。切勿首先对自己的答案的正确性提出疑问，如，一开始就说："这样说不对吗？"或"书上不是说……"结果还没等你开始解释自己的观点，就令人怀疑了。

⏳ 高效锦囊

> 课堂讨论能促使你积极思考，加深对所学知识的理解。即使自己意见不对，也能及时发现自己的弱点，及时克服。讨论时你听了各科意见，自己容易受到启发而产生新的创意。讨论还能锻炼一个人的口头表达能力，提高人的辩论能力。

记住，你并不是课堂学习的旁观者，而是真正的主人。

8.及时消化老师的讲解

课堂上听讲不能听完、记完就算了，坚持当堂知识当堂消化这一原则对同学们提高听课效率非常重要。

优等生经验谈：高霞，毕业学校：宁夏陶乐一中，2003年考入北京大学法学院。

当堂知识当堂消化，很多同学不是做不到这点，而是有"想等课后再复习"的心理，换言之，就是他们在听课过程中有"课上没做到课后补"的思想。本来课堂分钟能完成的任务，一定要用分钟来完成，这就将自己的课余时间给占用了。现实中有的同学课堂上没听好，课后加班加点地补，造成第二天听课没精神，听课质量就更不好，从而造成恶性循环，使自己越陷越深，这样发展下去，最后只能自暴自弃，由跟不上课变成了根本不上课，一到上课就想东想西、看课外书、打瞌睡，不一而足。这样发展的过程是，高考之后乖乖打道回府。

那么，如何做到当堂知识当堂消化呢？下面有一些方法可以借鉴。

（1）在课堂上认真听讲，老师讲到哪里你就跟到哪里，想到哪里。

（2）充分利用老师安排给你的机会和时间，阅读分析课本知识，讨论解决疑难问题，快速识记、强化理解课堂内容。

（3）利用老师讲解的间隙（如板书、停顿），迅速回忆一遍所学知识的内在联系，以便及时消化、吸收。

（4）认真而有创造性地做好老师布置的课堂作业。

（5）留心结束语。结束语是老师对一节课所教内容的概括总结，留心它，有助于把握这堂课的整体，做到胸有全课。

⧖ **高效锦囊**

听课时要同时运用眼、耳、脑去积极地捕捉知识。眼，要注意看老师和老师写在黑板上的东西；耳，要尖，要善于发现老师提出的重要观点，听出同学提问的难易；脑，要牢记主题，以适当的速度进行思考，并注意培养判断能力。在老师板书的时间内，同学们应抓紧时间把概念记上几遍，在记的同时找出该概念中的关键词，并思考一下对关键词有可能出现几种误解？此时可根据该概念的具体情况自己给自己出题。

记住，学到的知识要及时消化，这样才能真正有收获。

9. 如何上好习题讲评课

现在的老师都爱讲习题，有时专门有习题讲评课。如何才能从这种"讲题课"上学到东西呢？

优等生经验谈： 康静，毕业学校湖北省武汉外语学校，2005 年湖北文科状元考入北京大学法律系。

在习题讲评课上要防止自以为是的现象，不要先入为主地认为讲评课没什么好听的，认为自己反正会做了，听不听一个样，这样想就错了。其实，老师在讲评课上一般都不会为了讲评而讲评，而是通过讲评，一方面讲清该题的解题过程和方法，另一方面老师在讲评问题的过程中，还会进行适当的知识迁移和联想。只要有心，通过认真听老师的讲评课，从中是可以学到许多知识和方法。

在习题讲评课上，可以在以下方面去学到东西：

（1）整理思路

把老师讲的思路或你自己在听讲解过程中想到的思路归纳、整理出来，简要地写在笔记本上。

（2）回忆知识

老师在讲评时提到的知识内容，看看自己能否及时想出来。若不能，课外就及时复习巩固。听课时，思路要跟着老师走，这样才能跟上老师的节奏，才能及时回忆知识。

（3）拓展思路

老师讲评时．自己要先想一想该题如何做．然后，看老师的解法和自己的解法是否相同，即想一想自己是否跟老师想到一块了。如果相同，则再想一想是否还有其他方式解题，或是否还可联想其他的知识；若是不同，想一想自己的想法是否站得住脚。

（4）听老师讲分析过程

听一听老师是怎样分析、怎样求解的。想一想自己为什么有时想不到，想一想老师分析时所依据的知识和原理。

（5）看并想老师板书的解题过程

看老师是怎样写解题过程的，想想自己是否也能这样写，想想老师写的解题过程是不是有漏洞。

（6）分析习题错答的原因

自己做题时答错的题目，课堂上要认真听老师是怎样讲解的，自己错在哪里，并及时加以更正。

高效锦囊

听讲题课时，还要迅速地将自己从开始思考这道题到老师对该题总结的这段时间里所想到与该题有关的内容整合在一起，争取从更高的角度再一次地分析该题，感悟分析过程，再一次地提炼、概括出精华。

记住，千万不要因为这些题看似自己会做了就在老师上讲题课时做自己的事情，那样你将少学到很多东西。

10. 抓住课后"黄金两分钟"

课后两分钟迅速把当堂内容小结一下，胜过半月后一天的复习。捷克教育家夸美纽斯形象地比喻：课后不进行小结就犹如把水泼到一个筛子里一样。

优等生经验谈：胡昌梅，2004 年考入北京大学历史系。

我的听课经验是，每次课后用两分钟将上课内容回忆一遍，这对巩固课堂知识非常重要。45 分钟一个课时，随后休息 10 分钟，这就给我们课后及时回忆所学内容提供了时间和可能。但在现实中，大多数同学都没重视或忽视了这个环节。其实，每次课后只要用两分钟将所学内容回忆一遍就可及时了解自己对课程的掌握程度，回忆不出的可及时翻书或问老师和同学，这样就巩固了所学内容。所以切不可忽视"课后两分钟"，这两分钟被称为"黄金两分钟"，对提高单科学习效率非常有用。

也就是说，学完一节课，要及时总结。这节课的学习重点是什么，哪几个知识点掌握了，还有哪几点比较模糊。这样一来，记忆得到了强化，不清楚的地方可以及时想办法补救。

课后小结一般可以从以下几个方面去进行：

（1）回顾一堂课从头至尾的过程，这节课主要内容是什么，老师开头是怎样引入的，中间是怎样引导分析的，最后是如何总结归纳的，弄清来龙去脉。

（2）合理评价老师的思路。在理清老师思路的基础上，思索老师用了哪些思维方式，思维过程怎样。

（3）概括出本节课所学知识要点，并将它纳入自己的头脑里已有的知识结构，以使你的知识结构融会贯通。

⧗ 高效锦囊

　　后总结的时间不宜过长，简单的概括出上节课所学的知识要点即可，如果时间过长，思维一直停留在上节课的内容中，会影响自己下节课的听课效果。

课所以，下课后不要急于去放松，用两分钟的时间简单小结一下，会帮助你更好地巩固刚学的知识。

第3章 向前走的同时还要往后看

曾有人将不善于复习的学生比喻为只知道低头赶路的车夫，不知道往后看，结果车上的东西掉完了也不知道。由此可知，学与习是不同的，学，是指学习新知识；习，是指复习旧知识。为什么学了，还要习呢？因为知识是会遗忘的。不复习，学到的知识就会忘掉。

正是遵循这样的学习规律，我们的中学生一方面要学，另一方面，也要习。有一位高考状元甚至认为，学习成绩一分高下的环节，往往就在复习质量的好坏。

1. 复习要有针对性

复习要有针对性，这里的针对性，不仅是指复习内容与考试之间要有对应关系，而且还指所采取的复习方法，与所复习科目之间的对应关系。可以说，没有科学的方法，就不会有理想的效果。

优等生经验谈： 秦宁，1997年湖南省理科状元，考入清华大学自动化专业。

> 每学科都各有其特点，有的以记忆为主，有的以思考为主，有的介于两者之间。所以在复习的时候，一定要根据其不同的特色，选择不同的复习方法。

> 以数学这一学科为例，这是一门需要动脑筋，思考性比较强的科目，如果你以为只要在复习时记住了公式、公理，了解了例题的解法和答案，就能够学好数学，那就大错而又特错了。

> 学好数学，掌握公式、公理是必须的，但掌握不是机械地把它背下来就习以了，而是要活学活用，一般的老师不会要求你一字不差地把公式、定理背出来，他会更看重你如何用这些公式、定理解

答各种各样的问题的能力。

由此可见，灵活自如地运用公式、定理去解题是复习物理、化学、数学这些理科学科的关键。

在各学科的分类之中，生物也是属于理科的，但它的学习方法却与数理化截然不同。因为在生物这门学科里，记忆的分量要比理解的分量大许多。

数理化这三门学科的一个共同特点就是与实践联系得比较密切一些，也就是说一条公式或定理，必须经过做题，进行许多次练习以后，才能扎实稳固地掌握住它，因此，这里的复习要注意动手的能力。生物则不同，要复习好生物，就必须对所学过的知识进行总结、归纳，根据"至少要记住什么知识"这样一个大体的轮廓，然后一点点地往树干上增加枝和叶，达到全方位掌握的目的。

⌛ 高效锦囊

复习的首要任务是巩固和加深对所学知识的理解和记忆。首先，要根据教材的知识体系确定好一个中心内容，把主要精力集中在教材的中心、重点和难点上，不真正搞懂，决不放松。其次，要及时巩固，防止遗忘。复习最好在遗忘之前，倘若在遗忘之后，效率就低了。

总的来说，复习就是要因科制宜，针对不同的学科要采取不同的方法。

2. 从旧知识中找到新感觉

由于复习时所接触的都是以前学过的知识，难免会有枯燥感，这时，如果能从旧知识中找到新的感觉，自然就会增强复习效果。

优等生经验谈：方志远，1997 年考入清华大学材料科学与工程系。

在复习中，机械、单调地重复同一知识，往往使人生厌。老师曾告诉我们一种"旧路新探"的复习方法。就是适当变换复习顺序，采用"顺逆交错"的方法来进行复习，这样就能给人新鲜感，也容易有新的发现，增强复习效果。

运用这种"旧路新探"法有三个步骤：

第一步：逆思

复习时从教材最后的章节开始，从尾到头地逆思，默忆一遍教材的主要内容，溯本求源地探索它的知识脉络、

第二步：顺读

由头至尾地依顺序读教材。由因求果，理清它的内在联系及发展线索

第三步：顺逆交错思考

上述"顺读"、"逆思"反复多次，交错进行、这样执因求果、溯本求源地交错思考，极有利于掌握教材的结构特点，弄清知识的来龙去脉，既能巩固深化理解听学知识，又能理清思路，学习思考方法，独立探索问题。

同时，运用"旧路新探"法复习时还要注意以下两点：

（1）读思结合

逆思与顺读要互相照应，对记忆不牢的内容，再读时要重点复习，强化记忆、复读不懂的问题，要叫"暂停"，多思深究，及时解决。

（2）贵在出"新"

这种复习不能只满足于回忆起所学知识，而要透彻理解，融会贯通，力求有新的体会。

高效锦囊

> 复习不应是机械地重复，除了背诵、抄写之外，还可运用自我提问、举例说明、比较分析、材料对照、绘制图表、编写提纲、做练习题等多种方式。复习中还要

不断增添新的信息，把过去学的和今天重看的感受、认识加以比较、分析、提高，发挥思维的灵活性和创造性，求得每复习一次都有新收获、新创见，充分发挥"温故而知新"的"知新"作用。

记住，喜新厌旧是人的天性，复习中也是如此。

3. 趁热打铁才能事半功倍

及时复习，就要赶在遗忘之前，在记忆犹新的时候，"趁热打铁"，收到事半功倍之效。许多同学在听课之后，不管是否已经理解和掌握，就埋头做作业。实际上，这种做法忽视了及时复习这个重要环节。

优等生经验谈：焦悦光，毕业学校：湖北省汉阳高中，考入清华大学电子工程系。

我原来是每天放学后拿出时间，复习化学，后来我发现这段时间连作业都做不完，还谈何复习？放在双休日进行单元复习呢？也不行。因与上课时已间隔了好几天，竹篮打水一般脑子里都剩不下什么东西了。我把我的苦恼和父亲说了，父亲沉思了一会说："你要是觉得目前的复习方法不可行，不妨换一种。试试'趁热打铁'和'化整为零'的方法，看效果怎么样？"

听了父亲的话，我决定改变复习方式。一个重大举措就是每堂化学课后，立即复习。别看每次课后就记那么 5 分钟，可效果要赶上以前的 25 分钟。我不由在心里佩服："这姜还是老的辣。"

运用趁热打铁的方法进行复习共包括四个环节：

（1）尝试回忆

合上教科书和笔记本，把老师所讲的内容默默地回想一遍。这样，既可以检查听课的效果，又可以加深对知识的理解，还能养成勤于思考的习惯。

（2）看教科书

回忆之后就要和教科书对照一下，对已懂的东西则可放过；对不懂的东西可对照笔记思考理解；对重要的概念和原理要做出标记。这一环节还要仔细研究例题，不仅要理解例题的内容，还要掌握例题的解题思路、方法和表达格式，为正确地完成作业奠定基础。

（3）复习后再做作业

通过作业练习，深化理解和运用新课的知识

（4）复习巩固难点

对记忆难点（如英语单词、语文背诵课文等）在当晚临睡前或第二天起床后再花少量时间，加以复习巩固。

高效锦囊

及时复习比延迟复习效果要好，但也并非越早越好。复习的最佳时机，要根据个人的学习习惯，根据课程的性质、难易程度而决定。听课较吃力，疑难问题多，就要及时些；当堂基本听懂，复习只是深入钻研，则间隔一两天，影响不大。课程概念、原理抽象费解，复习就应及时一点；讲课主要是叙述性内容，与书本内容一致，也可以间隔一段时间再复习。

记住，复习时趁热打铁才能事半功倍！

4."过电影"式复习法

复习并不是非要在书桌前苦读，如果每日在临睡前躺在床上将当天的知识过一遍电影，这样的复习效果也非常好。

优等生经验谈：吴旭，毕业学校：福建省清流一中，

2002年考入北京大学政府管理学院。

我是住校生，每天学校到10点准时熄灯。可如今功课这么多，晚自习做作业都来不及，哪还有时间复习？后来我想了一个绝妙的办法：躺在床上想着复习，即一节课一课地想知识要点。

就是这样，我将每天的功课在脑子里过一遍电影，大约也就花30分钟左右。似乎比在家复习的效率还高，效果还好。每天想完，我都如释重负，带着满足和微笑进入了睡乡。

下面，就是吴旭同学某一天的复习过程：

上午，第一节课，数学，讲了对数函数和分段函数。对数函数是指……分段函数是指……

第二节课，语文，讲了几种新体裁的作文。第一种是……第二种是……第三种是……

第三节课，体育。

第四节课，英语，今天讲的是第2单元第一课，试着背一下课文……

下午，第一节课，历史，讲法国大革命。主要讲了背景，过程，意义三大块。有几个年代，几个人物要记……

第二节课，自习。今天考了一张化学卷子。100分卷子得了92分。失去的8分，一是化学式写错了几个，二是计算错了一处。

第三节课，自己做作业，有两道题不懂，记得去问老师。

······

⧗ 高效锦囊

其实，这种方法并不是一定要住校生或躺在床上才能用。如果你回家要坐公交车，在等车、坐车的时候同样可以将今天才学的知识在头脑中过一遍。

所以，不要埋怨没有时间复习，这种过电影式的复习法并不占用你平时学习的时间，大家可以借鉴一下。

5. 周末总结复习要抓住"五个一"

这里要强调的是，在学习了一周之后，应该对这一周的学习内容进行归纳整理，也就是复习中的"周末总结复习法"。

优等生经验谈：李浩杰，毕业学校：甘肃省兰州二中，2005 年甘肃理科状元考入清华大学工商管理专业。

我的复习经验是，学习一周，就应该有一个阶段性总结复习，因为，一周是学习的一个小阶段。在周末，有必要对这一周的学习内容进行总结和复习，这对加深重点和难点的理解，提高记忆效率，巩固所学知识十分有用。

在每周的复习中，我坚持做到"五个一"，即温习一遍教材、对照一次笔记、检查一遍作业、记录一些材料，最后再总结一下方法。通过时间的检验，我发现，这种坚持"五个一"的复习方法还是非常有效果的。

下面，我们就要看看具体如何做到周末复习的"五个一"：

（1）温习一遍教材

按照一定的顺序，将一周所学的主要科目的内容温习一遍，结合课本上的思考练习题，分析一下教材讲了什么，应重点掌握哪些内容，哪些自己已经理解了，哪些尚需进一步掌握。

（2）对照一次笔记

对照课堂笔记，看看老师在一周中重点讲了什么内容，与自己的理解有何差异，哪些地方记住了，哪些地方遗忘或忽视了，这样，可以进一步把握重点，理解难点，加深记忆。

（3）检查一遍作业

把一周的作业看一遍，查一查哪些练习题是基础训练题，哪些是能力训练题；查一查哪些练习题与教材的重点、难点有关；查一查哪些做对了，哪些做错了，原因如何。

（4）记录一些材料

通过前面的环节，已明确了重点、难点、做错的题目和原因、尚需巩固的知识等。这时，就要用一个专门的本子记录下来，从而为以后的阶段复习、期中或期末复习做好准备。

（5）总结一下方法

周末复习知识之后，还要认真总结一下自己一周来在各个环节和各个主要科目上的学习方法，对成功的方法，下周继续坚持；对不成功的地方，以后想办法逐步改进。

⌛ 高效锦囊

复习时采取单科集中的所谓"攻坚战"，内容单一，容易造成大脑疲劳，降低记忆力。因此，复习期间，要多学科、不同内容交叉进行，做到一张一弛，多科并举。

记住，一周复习总结一次，比你拖到最后再总复习要有效的多。

6. 谁说临阵不能磨枪

这里所说的临阵磨枪，并不是鼓励同学们平常放松，只是到了考试的时候才复习。而是要提供给同学们一些考前强化复习的经验和方法。

优等生经验谈：杨鲁闽，1997 年考入北京大学。

无论是学期考试，或是毕业、升学考试，由于考试的时间集中，考试的科目较多，每到这时，许多同学经常是手脚忙乱，搞得焦头烂额。面对众多的复习内容，不知从何入手。看见别人复习数学，自己也拿出数学书复习；看见别人背诵政治复习提纲，自己也跟着背诵政治。"东一榔头西一棒槌"，搞了半天连自己也不知道记住了什么东西。临考之前常常可以看到，有些同学上学走路时在看书，乘车时也在看书，表面上看这些同学似乎学习很用功，其实这是最为典型的"事到急时抱佛脚"的表现。其实我并不反对临阵磨枪，关键是如何把枪磨得有快有好。制订一个短期复习计划是一个不错的选择。

考前复习时间虽然不长，但由于复习内容繁多，必须有一个合理的计划和安排。对于毕业和升学考试复习，即使原已制定了系统的复习计划，但由于临考复习与前段系统复习的要求不同，也应该有一个考前的安排，做到计划与短安排的相结合。只有这样才不会在紧张的考前复习中常常为时间和科目的安排而犹豫不决，才不会因复习打乱仗而完不成复习任务，或是做一些不必要的重复劳动了。

这个短期的复习计划应安排得科学、合理，如文理科复习内容宜交替安排，需要强化和记忆的内容宜安排在早晨和晚上；在个人每天的生物节率"高峰期"，安排重点的复习内容；而在自己情绪和精力的"低谷"，安排次要的复习内容或安排娱乐与休息。可列出个时间表，合理分配各科复习时间，避免出现厚此薄彼等偏科的现象。

⏳ 高效锦囊

> 短期复习计划应明确重点，分清主次。计划应尽可能安排得细一点，包括复习科目、内容及时间，力争做到在固定的时间完成规定的复习科目和内容，不打折扣，以确保复习计划的全面落实。

由此可见，临阵磨枪也是要讲究技巧的。

7. 既要有重点又要全面

这里需要强调的是，复习时的重点是在经过全面掌握基础知识的基础上总结出来的，一味求重点只能导致"挂一漏万"的现象。

优等生经验谈：高峰，毕业学校：河南省虞城高中，2002 年考入北京大学哲学系。

复习要把握重点和方向，并非指非重点的内容就可以不复习。如果复习的内容只有重点而没有其他，那本身也就无所谓重点与非重点了。有的同学不愿意多下功夫，总想搞点什么窍门少复习一点，自认为不重要的就不复习，而自己的主观猜测又往往与考试的重点不相吻合。常常听到有的同学考试后说："我复习到的都没有考，恰恰考到一些我没有复习到的。"这种挂一漏万的复习，自然不会取得好的成绩。即使有的同学偶尔押上了题，得了高分，也是侥幸，凭小聪明应付考试，抱着投机取巧的思想参加考试，只能是自己骗自己，到头来只能是一场空。

高峰同学说得没错，中学阶段学习的重要任务是掌握基础知识和训练基本技能，也就是平时大家常说的掌握"双基"。考题的形式和角度可以千变万化，但万变不离其宗。也就是说知识在课内，题目在课外。根据这个特点，复习首先要求全面落实每一个知识点，不留疑点和空白。临考复习的预测考点，把握方向，强化重点知识的记忆和训练，都是建立在这个基础之上的。

会学习的同学，在平时的复习中就已经完成了对各类题型的训练与分析，对作业中错误的彻底清理，对各学科知识重点与难点的透彻理解。到了临考复习时，他的重点就可以放在对知识的强化记忆上了，如重要的概念、公式、原理、定理和结论，重要的词汇和语法规则，等等。或者可以站高一步，强化对学科知识体系和各部分内容相互联系的深入理解。对于一些准确性要求较高的记忆材料，考前不进行强化记忆，是不会有清晰而准确的印象的，而这些材料恰恰是应试答题的基本依据。

⌛ 高效锦囊

有的同学直到临考前才进行大规模的熟悉题型的训练，进行作业的改错练习，或者是还纠缠于某些没有搞清楚的习题，这种安排是不好的。临考前几天的复习一定不能纠缠于某些具体问题和习题上，即使没有搞清楚，也只有放到一边，而将时间和精力放在全面的复习和系统的记忆上。

所以，同学们千万不要迷信所谓的"重点"，真正的重点都是建立在全面复习的基础之上的。

8.把散落的"珍珠"串起来

我们平常学习到的知识就像一颗颗散乱的珍珠，复习的意义就在于把这些珍珠贯穿起来。那么，到哪里找穿珍珠的线呢？

优等生经验谈：潘丽丽，2002年考入清华大学。

复习阶段，我主要看课本，做套题。课本已看得很熟了，套题也做得很多了，但心里却迷惘了。现在回想起来，那时正如一只蜻蜓，点过水面却未找到自己的落脚之处。

迷惘时，班主任开始让我们搞知识结构。我们看过的知识点，做过的题正如一盘散珠，可以和盘端出惹人眼目，可是要拿出来用时却七零八落，收拾不及。于是，我们一定要找到一条红线——贯串知识与习题的红线，这就是书本的总体框架。

在潘丽丽同学看来，极易被同学们忽视的书本上的纲目其实就是那条红线。她说，很简单，翻开书本的目录，那极易被你跳过去的一页其实正是你急需的一条红线。从此我按着这条红线复习，一周后可以丢掉课本，用回忆的方式温书。每次开始学习时，我总是掏出一张纸，简单写下课本的纲目，再从某一章节分出子目录，一直分下去，直到某一个定义、某一个定理，甚至某一个单位、某一道与之有关的习题。

⏳ 高效锦囊

边复习边整理笔记，是使所学知识深化、简化和条理化的过程。整理可以从三点入手：

1. 补充提示。补充听课时漏记的要点或复习时新的体会、发现，提示教材的重点、关键，或正确思考的角度、方法等。

2. 综合归纳。概括各知识要点，写出内容摘要。

3. 梳理知识，抓住知识之间的联系，理清条理，编出纲目。

记住，想办法使学过的知识条理化、系统化是提高复习效果必经之路。

第4章　这样做题最有效

　　经过预习、上课、课后复习，知识究竟有没有领会，有没有记住，记到什么程度，知识能否应用，应用的能力有多强，这些学习效果问题，单凭自我感受是不准确的。真正懂没懂，记住没记住，会不会应用，要在做题时通过对知识的应用才能得到及时的检验。

　　做题可以加深对知识的理解和记忆；实际上，不少学生正是通过做题，把容易混淆的概念区别开来，对事物之间的关系了解得更清楚，公式的变换更灵活。可以说做题促进了知识的"消化"过程，使知识的掌握进入到应用的高级阶段。做题可以提高思维能力。面对习题中出现的问题，就会引起积极的思考，在分析和解决问题的过程中，不仅使新学的知识得到了应用，而且得到了"思维的锻炼"，使思维能力在解答问题的过程中，迅速得到提高。由此可见，平时的做题只是手段，终极目的是为了积累做题方法技巧，培养自己思考问题、分析问题、解决问题的能力。

1. 明明都会的题为什么老做不对

这是一个令很多同学都感到困惑的问题，其实，原因最终是出在运算上。

优等生经验谈：王琦，毕业学校：陕西省清涧中学，1997 年考入北京大学中文系。

> 我周围的一些同学学生经常说，这些题明明都会，怎么老做不对呢？原来问题出在运算上，造成运算错误率高的原因有两点：一是轻视运算，认为这是简单问题，懒于动手；二是做题的独立性差，依赖性太强，常见的现象是互相对答数或运算时使用计算器。

确实如此，不少学生在做题时，马虎草率，急急忙忙算出答数，然后和同学对答案，对了就算过去了，不对再查找原因。由于在开始做题时，头脑中就想着：做得对还是不对，过一会再跟同学对一下答案就知道了。这样，做题时就降低了对自己的要求，长久下去，就形成了一种依赖思想，对自己能不能独立把题做对毫无把握，缺乏信心。

还有一些学生，做题时运算的准确率极高，但这是靠计算器算出来的。用惯了计算器的学生一旦离开计算器，连进行最基本的运算都会感到困难。道理很简单，用计算器只要输入数据，就可以得出结果，中间的运算过程由计算器代替了，学生当然看不见这运算过程。经常不进行运算实践，那么运算能力就"退化"了。

⌛ 高效锦囊

> 　　做题的关键是要保证"规范"、"准确"。要做到这两点就要求学生严格按照各类题的解题要求，仔细演算解题的每一步，得出正确的结果。只要平时做题认真细致，步骤完整，思路正确，表述严密，考试时才能照这种良好的习惯进行。

　　如果一个学生在做题时，运算过程靠计算器进行，运算结果靠和同学对答数，这样做题时必然离不开计算器，离不开同学。而在重大考试时，既不能用计算器，又不能和同学对答数，那时候，谁来替你计算，谁来跟你对答数？

　　这种依赖计算器和同学而换来的表面上的准确，到重大考试时付出的代价是计算错误。

2. 做题时要处理好"四个关系"

这里要强调的是，做题并不是越多越好，关键是要能正确地处理好"四个关系"。

优等生经验谈：金智渊，毕业学校：吉林省延边一中，2001 年考入北京大学数学科学学院。

无论在学校还是在家里，经常见到有些同学超负荷地做练习题，漫无边际，毫无目的。有的家长望子成龙、望女成凤心切，到书店为孩子购买各种习题集和复习资料，托亲戚找朋友到处搜寻习题，恨不得把所有题都找来做，才感到心里踏实其结果如何呢？往往会使孩子思维混乱，晕头转向，疲于应付。在这里，我认为有必要提醒大家：千万不要搞"题海战术"！

那么，怎样才能从"题海"中走出来呢？我个人的经验是，处理好"四个关系"，即书本知识与课外题的关系、基础题与难题的关系、"详"与"略"的关系、分散学习与归纳总结的关系。

下面，我们就具体谈谈如何处理好这"四个关系"。

（1）处理好书本知识与课外题的关系

解题的目的，是为了加深对理论知识的理解，培养运用理论知识解决实际问题的能力。因此，在做大量课外题之前，必须把书本上的理论学好，把其中的基本概念和基本原理搞清楚。

（2）处理好基础题与难题的关系

有的同学总喜欢去钻难题、偏题，认为把这些题攻下，其他的就会迎刃而解。其实，只有通过做一定数目的基础题，熟悉了定义、定理、公式，掌握了解题的基本方法和技巧，才能做好难题。

（3）要处理好"详"与"略"的关系

做题应分轻重，有详有略。对于基础题、典型题要详做，从格式到步骤严格要求，做到规范化，以达到熟练、准确计算的目的。而且，还要总结做题的经验，从中找出规律，训练基本功。对于难题，可以采取略做的办法，即重点寻求解法，分析归纳题目类型，演算过程可以略去。

（4）要处理好分散学习与归纳总结的关系

经过一段时间，要回过头来看看以前做的各类题目在这一阶段占有多大分量。有些题目尽管当时这样做是对的，但现在看起来，觉得还有某些不足之处，或是可以找到更简捷的解题方法。总结，最根本的目的在于分类、归纳，既整理出方法，又记住相应的典型题。

⏳ **高效锦囊**

> 习题完成之后，一定要耐心地再思考一遍，想一想做这道题用了那些概念、原理、公式，这道题有什么特点、有什么规律可循，稍加变化还能变成什么样的题，是否还有其他解题方法等等。这样才能把学过的知识融会贯通，达到系统掌握、触类旁通和举一反三的目的。

在做题中只有处理好了这四个关系，你就能彻底告别"题海战术"，达到更好地做题效果。

3. 要有数量，更要有质量

为什么做了这么多题，对大多数同学来说，还会有"投入"与"产出"不成比例之感呢？这表明做题要有数量，更要有质量。

优等生经验谈：杨航，毕业学校：北京市怀柔一中，2002年考入北京大学医学部基础医学系。

说到做题质量，就要说到方法了。有方法，做一道题顶得上别人 3 道题，无方法，做了 3 道题才顶得上别人一道题。效果差得不是一点半点。上高中的时候，我的老师曾为我们总结了一个做题的"四项基本原则"，按照这个方法实行以后，我慢慢地发现，自己的做题质量确实得到了提高。

杨航同学所提到的做题"四项基本原则"，是他的老师在多年的实践中摸索出来的一套方法，具体内容如下：

（1）不要对所有的题"一视同仁"

善于学习与不善于学习的同学之间最大区别之一，就在于善于学习的同学善于抓住最重要的信息，他们对某些题如高考题会做了又做，反复琢磨。对某些题如参考书上的题，会大略一翻就过去了。而不善于学习的同学往往胡子眉毛一起抓，一视同仁，高考题做一遍，一般考卷的题也做一遍。如此尽管题没少做，但效果却未必好。

（2）会做了就不做，做不会做的

"什么不会就做什么，什么会了就不做。"这真是简单得不能再简单的道理。或许有同学会说：这算什么经验？先别忙着下结论，事实上，有多少同学就是忘记了这个简单的道理，什么不会就不做什么，什么会了却还做什么，浪费掉高考前宝贵的时间。

（3）做过的题要整理

有些同学做完了题就一扔，而善于学习的同学，却会很珍惜自己做过的题，他们知道，这也是自己的"劳动果实"。他们会分门别类地将自己的作业整理成册。

（4）整理后的作业要不时翻看

作业整理好了，应该如同课本一样置于案头，不时翻看。否则整理得再好，又有什么意义呢？

高效锦囊

老师把作业批改发回来之后，一定要尽快翻阅，认真分析。对做对的题目，想一想是采取什么样的思维和方法做对的，以后遇到类似的题能不能触类旁通；对做错的题，要找出做错的原因。

记住，做题要的是质量，而不是单纯的数量。

4. 先把自己的想法写出来

在解数学题时陷入困境时，不妨把自己的思路一步一步写出来，从而启发自己找到解题的钥匙。

优等生经验谈：许锋，毕业学校：上海师大附中，考入北京大学。

我的老师曾经说过，如果脑子里没有思路，就动手写出来。也就是说，看到数学题后，不要急于解题，而应先把自己的想法写出来。结果大大出乎许多人的预料，这么一写，原来不清的思路也出来了，原来不顺的步骤也顺溜了。

道理其实很简单，因为写作的过程也就是联想的过程。有过写作经验的人都知道，只要一动笔，原先许多没有想到的词语、思路等，都纷纷涌现了出来。文科写作是如此，理科学习也是一样。只要一下笔，思路仿佛原先就在脑子里一样，跟着笔尖冒了出来。

确实如此，写作的过程也就是说理的过程。请大家回忆一下，任何一位优秀的数学教师，在讲题时是不是除了数学符号和数学概念，别的什么也不说？当然不是。优秀的数学教师都明白，为了把理说透，应该从各个角度、各个方面，掰开了揉碎了地说。举例吧，推理吧，联系吧。往往为了一道题，要说上几百上千句话。把他们的这些话都记录下来，不也就成了"写作解题法"吗？

如果想采用此法学习，我们有如下几点建议：

（1）此法不可常用（事实上也无时间常用）。只有当遇到一道特别有意思、对同学们的思维有所启发的题目或是自己久攻不下后来终于做出的题目时，采用此法，才会收到实效。否则为写而写，只会浪费时间。

（2）写完后，可以装订成册，自己翻阅；也可以互相交流，相互学习。对学生来说，读读这样的小文章，也许比读某些深奥的大论文更有帮助。

⧖ 高效锦囊

在做题时，要特别注意克服头脑中已形成的"定势思维"的消极影响。有些同学往往拿起题来就先想到和哪道例题或已做过的题相似，然后就机械模仿那道题的解法来解。殊不知，每道题都有其具体条件，这样硬套常常会碰壁或有所失误。

记住，解题思路是写出来的。

5. 用旧知识启发新思路

用旧知识就是在分析题目的基础上，能将有关的旧知识联系起来，能把题目的各个部分有机地联系起来，也能与过去解题时用过的有关思路和方一法联系起来。

优等生经验谈：石善伟，毕业学校：黑龙江省虎林高中，2003 年考入北京大学社会学系。

有些同学之所以解不出习题，就是因为有关的旧知识没有学好，不能使之联系起来的缘故。在解题时，如果能够联系有关的旧知识，运用有关的概念和原理，就可以发掘很多潜在的条件，为解决问题打开通道。

例如，在一道化学习题中给出这么一个条件："已知 30℃时，氯酸钾的溶解度是 10 克……"这时，如果立刻能联系起溶解度的概念："在一定温度下，某物质在 100 克溶剂里达到饱和状态时，所溶解的克数，叫作这种物质在这种溶剂里的溶解度"就可以得出：30℃时的氯酸钾饱和溶液的溶液、溶剂和溶质之间的质量比为 110：100：10。如果学过质量百分比浓度的话，又能立刻联系起百分比浓度的知识，计算出 30℃时饱和溶液的质量百分比浓度是 $10 / 110 \times 100\%$，如果再知道溶液密度的话，还可以计算出摩尔浓度和当量浓度。也就是说，如果能把题目的各个部分有机地联系起来，那么，只要抓住了关键的部分，就可以凭着这种联系，使问题一个一个地得到解决。如几何中常用的综合法和分析法，就是把已知和未知一步一步联系起来的解题法。

如果能联系起过去解题时用过的思路和方法，就可以把不熟悉的题目转化为熟悉的题目，从而找到共同点，解题时有如轻车熟路，使问题迎刃而解。

如果平时做作业后，善于比较归类，那么在做题时，就容易和过去用过的解题思路和方法联系起来、如果平时做作业后，不善于比较归类，那么这种联系就难以建立起来。

📛 高效锦囊

有时因为题目比较复杂，为了思考方便，可以把审题的过程画成简图，这样使思考有了支撑点，减轻了记忆的负担，这对于分析问题，寻找联系点十分有利。实际上这正是运用学过的有关知识，对题目进行加工改造的过程，经过这番工作，解题的捷径就容易展现在纸上了。

可见，只要对与习题有关的概念和原理领会得深刻，记忆得牢固，就可以从习题的已知条件中引出很多其他条件，使问题迎刃而解。

6. 关注普通解题法

这里要强调是，做题时要关注通法，不要把问题想得太复杂了。

优等生经验谈： 徐语婧，2005 年浙江省文科状元，考入北京大学元培计划实验班。

从微观上看，数学的学习就是如何解出每一道数学题。我的经验是关注通法，即关注普通解题法，有余力再掌握一些技巧。由于文科的数学题难度一般都不太大，基础题（即用通法可以顺利解出的题目）占绝大多数。对于文科学生来说，老师上课的时候本身就会比较注重基础，他首先讲的可能就是通法，那么这个时候就必须把老师讲的例题记下来。通法肯定会有一个固定的解题思路，上课的时候就得领会这个解题思路，课后最好再选一些类似的题目做一做，以便熟能生巧。

为什么要关注通法呢？举个例子来说吧，解析几何对于文科学生来说，由于是数形结合的一类题目，一般同学们会觉得比较难，通常放在高考题最后一题或者倒数第二题的位置，算是一个压轴题吧。这类解析几何题的通法就是把两个函数解析式联立起来解，虽然有些时候可能计算会比较麻烦，但是都能做得出来。这类题估计可能得有 10 分的分值，用通法一般同学都能够拿下，如果过于关注技巧，对有些题目就不适用了。

对此，徐语婧同学说，其实以前我的数学也不是非常好。我总结每次考试的经验，发现考得不好的时候不是因为那些难题做得不好，而是因为前面基础题错得比较多，导致分数比较低。所以我想应该重视基础一些，于是总结出了这个普通解题法。就高考的试卷来看，它的基础分可能会占到百分之七八十。如果你用普通解题法把基础题掌握了，一般取得中等成绩肯定是没问题的。你在掌握基础题的基础上，肯定能够活学活用，能够有所创新，再能拿到一些难题的分数，就能够获得比较理想的成绩了。

⏳ 高效锦囊

其实解普通的题目也有多种方法，有通法，还有一些带有技巧性的方法。对于文科学生来说，通法更加重要一些，因为它能解答这一类型的所有题目，所以更实用。当然，学有余力的同学还可以研究一些技巧，但不提倡钻得太深，因为这样会浪费时间。事实证明，通法掌握好了，高考一般都能取得优秀甚至是拔尖的成绩。

由此可见，简单的反而往往是最有效的，不要认为地把问题搞复杂了。

7. 主动寻求解题思路

这里强调的是，在做题时要积极主动地去寻求解题思路，不要一卡壳就去看答案或求助于同学和老师，从而培养独立的解题能力。

优等生经验谈：陈敏，2005 年山西省理科状元，考入北京大学元培计划实验班。

> 在学习过程中，我曾有这样的经历，有时见到一道题目一时找不到思路，就迫不及待去翻看答案，看答案时往往觉得答案的每一步都顺理成章，该用哪个定理，该用什么方法，非常简单，就自认为把题目已经理解透了。过几天再做这道题，还是无从下手。我觉得出现这种情况主要是因为我对这道题的接受是一个被动的过程。在这个过程中我只是机械地看到了具体解题过程，而没有真正理解解题思路。主动寻求解题思路法与这种被动接受的学习方法正好相反，这种方法强调从简单习题入手，因为做简单的习题会比

较轻松一些，简单的做出来之后再由浅入深。当在练习过程中遇到了难一点的题目时，有意识强迫自己不看答案、不看书套公式、不求助于别人（这些都是被动方法），而是静下心来，积极调动自己的大脑知识库，主动寻求解题思路。这样由浅入深地训练自己，加上对常见题型的归类分析，再见到数学、物理习题时就会在第一时间反映出该题所考查的知识点和思维方式，有得心应手的感觉。

陈敏同学举例说，比如数学学习中比较典型的双曲线类题目，很多同学都认为比较难，经常感觉无从下手。实际上双曲线类题目有很多比较典型的解题方法，如果见到题目能够主动思考，往往会有举一反三的效果。

⏳ 高效锦囊

主动求解一道题比被动接受十道题要有效得多。老师经常鼓励尖子生多给别人讲题，这实际上是更高层次的主动学习。具体地说就是不把做出正确答案作为终点，因为要给别人讲解这道题就必须准确理解该题的解题思路、思维方法、分析过程，还要能列举出类似题型，引发更进一步的思考。这样，解题就成为一种乐趣，每落实一道习题都会有一种充实感。

记住，遇到难题时要主动地去寻求解题思路，不要把希望寄托在答案和别人身上。

8.提高综合解题能力

大多数学校在学完某一章节或某几个章节后，都会有一次随堂考。为什么要将这两类考题放在一起说呢？这是因为在学习过程中，章节考试得高分，综合考试却不行的现象相当普遍。

优等生经验谈：邓玥，毕业学校天津市新华中学，考入北京大学。

肯定有的同学会问，为什么这道题放在章节里做练习我是手到擒来，在综合练习里却不知从何下手了呢？有的同学在章节考试里总是高分，综合训练模拟考试时却不尽人意。这就涉及综合解题能力的问题。高考题有一大部分并不是只考单一的知识点，而是会把几个知识要点串在一起，考查你的综合能力，这就需要你在精通每个知识要点的同时，学会触类旁通，学会灵活思考，学会调兵遣将。

那么，如何才能提高"综合解题能力"呢？汤越同学提出了以下两点建议：

（1）对单一知识点要非常熟

就理科言，某一单一知识点，它的条件，它适用的范围，它会得出的结果，这些结果在什么计算中会用到，心中都要清楚。汤越同学说："做综合题，这些单一知识点就像工具箱里零散的工具，你试解这道题，就是在不断检索哪些工具适用，如果它们分类排放，你可以信手拈来，你的检索速度就会加快；它们每一样都已磨利，综合题就会在组合工具下迎刃而解。相反，如果你调用每一个知识点或公式对你来说都像解一道难题，或者有的工具一下子找不到（在考场上紧张和暂时遗忘常会使你忘掉不熟的公式），你就只能望题兴叹了。"

（2）要善于总结做过的综合题，理清它的思路。大致的思路可用一句话来概括："问什么想什么，缺什么找什么。"顺序分3种，正推、逆推、两头推。也就是从条件入手，从结论入手，或从条件和所求同时入手。

⏳ 高效锦囊

学生的习题训练应有一个完整的系统，不仅要求对本学科各学习阶段的习题训练内容能统筹安排，而且应根据教材及知识与能力训练的要求，将不同内容、不同知识层次、不同个性的习题分门别类，有计划地安排在不同的学习阶段进行系统化的训练，以避免因练习内容的选择漫无系统而造成重复的无效训练或遗留技能训练的漏洞。

记住，考试考得就是综合能力，分开了都知道，合在一起就傻眼的做法是无法取得好成绩的。

9. 要结果，更要过程

在做题中，有些同学只关注结果，答案对了就行了。其实，在过程中领悟各种解题思路和方法才应该是你做题的终极目的。

优等生经验谈：王雁若，考入北京大学经济学院。

说一下数学思想和数学方法的问题。其实，那些说起来比较"玄"的思想和方法需要的恰恰是在做题过程中经验和教训的积累，多种方法的比较，答案带来的启示等。所以大家一定要重视做题目的过程，特别是做题之后一定要思考，这个思考的过程就是数学思想和数学方法形成的最重要的阶段。

做错的题目，用一个本子记下来仔细想为什么会错，错在什么地方，错的地方有一个深刻的印象。

王雁若同学的意思是说，你只有时刻关注做题的过程，才是真正掌握有效的解题技巧和方法。她说：

没有做出来的题目，在思考的过程中，一定要问自己：（1）为什么这个方法比较好；（2）为什么我没有想到这个方法；（3）以后在那些情况下还可以用到这样的方法。

数学方法更是如此，当你学到一个新的方法的时候，最好是让成为你数学能力的一部分的方法就是反复运用之，比如，求最值的方法有哪些，求角度，长度的常用方法，证明垂直的方法等等，这些东西一旦真的成为你自己的方法，数学能力的提高已是必然，数学成绩的飞跃指日可待。

⌛ 高效锦囊

做题时不要只追求结果，要仔细分析它的题目形式、答案形式，也要分析它的答案内容是怎样一步步深入的。

由此可见，虽然做题要的是最后的结果对不对，但解题的整个过程也是至关重要的，不可忽视。

10. 细心揣摩出题意图

做题时，要细心揣摸出题意图——出题者究竟想考你什么？这一点一旦想明白了，底下的工作就迎刃而解了。

优等生经验谈：屠元，毕业学校：贵州省六盘水市三中，2001 年考入北京大学。

只要你把前几年高考试题都研究透了，上重点大学应该没有什么问题。不过一定要注意这个"透"字。就拿我最弱的数学来说吧。整个书上的考点就那么十几个，那十几个考点分化出来的题型也就不超过那么 60 题，你前面三年的考卷那么一拿下，这 60 个题型就几乎被涵盖个八九不离十了。记得每次拿到那些题目，我差不多都要花一整天的时间仔细琢磨。我研究到什么程度呢？举个例子，高考时提前 5 分钟发卷子，考数学时，我在响铃之前的 5 分钟里，扫了一眼卷子，12 道选择题我就全有答案了。最让我骄傲的是，这 12 道题全对了。

或许有人会问：有这么神吗？事实是这样的。说实话，能做到这一点，主要靠揣摩出题意图。也就是说，从那道题，尤其是选择题，给出的信息，你就可以知道他要考你什么。

知道了出题意图，答案就八九不离十了。屠元同学说，像那年高考数学选择题的第十一题要求计算面积，原题给出来四个图形选择项。如果硬算的话，绝对要花掉三五分钟时间，但是我一眼看上去就知道，他这么出题，肯定就是两个图形面积相等，要不他这道题就出得没意思了。于是我就直接写了答案，结果呢？没法不对。

要学会揣摸出题意图，我觉得是一个总结和归纳的过程，通过不断地总结和归纳，通过对考卷的那种深层分析，锻炼你对题目的那种直觉。这一点实际上每个人都能做到，只不过有些人没有想到而已。你可以很懒散，你也可以不很勤奋，但是你一定要去分析它、研究它、认清它。就像《孙子兵法》说的，知己知彼，方能百战不殆。

⌛ 高效锦囊

> 其实，不仅是数学，各个学科都可以去揣摸出题意图，包括语文。语文除了拼音、词和文学常识之外，其他题都可以这么做。

可以看出，如果出题意图搞清楚了，解题时就会收到事半功倍之效。

11. 由难到易与由易到难

这里要强调的是，做题时可以根据文理科的不同来选择由难到易还是由易到难。

优等生经验谈：朱萝伊，毕业学校：浙江省宁波象山中学，2002 年浙江省文科状元，考入北京大学。

高考前根据自己能力买一些习题，（文科）都是买那些偏难的题目，我觉得高考题还是比较简单，偏难的题目做多了，到高考前一个月我再换一些比较简单的、贴近高考类型的题目，这样，我感觉特别顺手。平时难题钻多了到考试时心态也摆得正。理科的题则相反，要由易到难，顺台阶上，不要一个劲去钻难题。

朱萝伊同学的这个方法还是很新颖的，做题到底是由难到易还是由易到难各有各的说法，但她将之分别用到了不同的科目上。她说：

以前我数学较差，老是拉我后腿。到高三时换了个数学老师，他说：我知道你高一、高二除了数学作业以外，其他数学题你什么都没看，所以你数学就考不好。你要多做题，题海战术对于你这种学生是最合适的。老师给了我一套数学试卷，35份，一大厚叠。以后我一直做这个试卷，做个近一个月，考试成绩就上来了。又过了一个月，每天仍花两个钟头在数学上面，后来一直都很稳定。老师说，我就是题不熟，由易到难多做做就熟了，就有一种感觉了，我的数学就是这样得到提升的。

⏳ **高效锦囊**

> 文科多做难题，思路才放得开，再见到相对容易的题，才不易被困住；理科必须先易后难，步步为营，基本题还没会，不要去做中档题；中档题还没熟，不要去钻难题。一句话，文科由难到易地做题；理科由易到难地做题，这是符合文理科学习的规律的。

总的来说，朱萝伊同学的办法很简单：多做题。文科（文综、语文）多做难题，由难到易；理科（数学）多做基本题，由易到难，结果效果非常好，成绩提高迅速且很稳定。

12. 从"做题层次"到"研究层次"

这里要强调的是，在练习做高考题的时候，要从"做题层次"上升到"研究层次"。

优等生经验谈：欧阳觅剑，1996 年湖南省高考文科状元，考入北京大学社会学系。

> 我对高考试题保持一种研究的态度，努力去发现其中的规律。这样，高考题不再是将判定我的前途的"判官"，而是我的研究对象。我用我的思维去解剖它，不是它支配我的行动，而是我要分析它。我每次分析高考题都有一点收获，而每一点收获又使我有一种快感。这种畅快的心情便化作了必胜的信念。

做高考题，研究高考题，其益处真是太多了。欧阳觅剑同学谈了几点他的亲身体会：

（1）熟悉了高考的答题技巧。欧阳觅剑同学说：高考从题目到答案都是有一定规律的，答题也有一个程式。往往有这种情况：有的同学甚至不用对题目仔细分析，就能做出答案来。总结出这些规律便是答题技巧。而这，正是通过大量做高考题、钻研高考题而得到的。

（2）了解了高考的出题"行情"。哪一行都有哪一行的行情。高考题也不例外。比如这几年强调素质教育、创新精神，活题、新题的行情自然看涨。欧阳觅剑同学说，他通过研究高考题，对高考题有了较深的把握。敢于大胆地说：这题不行，根本不像高考题！这题出得好，答案也好！这样，就对高考的出题规律有所了解。而这，与一般的"猜题"、"押题"完全是不一样的。

（3）掌握了鉴别习题书好坏的标准。高考题做多了，整个人的"题感"也就上了几个层次。再看见那些花花绿绿、形形色色的习题集，也就有了鉴别能力。不管是哪些人编的，不管是哪家社出的，只看内容，一眼就能看出真假高下来。只有当你仔细分析了高考题之后，你才具有选择习题书的能力。选择一些与高考题型相似的习题书，才能帮助你提高应试技巧。

⏳ 高效锦囊

> 做高考题时，可以将历年来某一类题，某一部分知识内容的题集中在一起单独做。这样做的好处是便于摸索某一类题的命题特点和出题趋势，也便于考察某一块知识的考点。

总之，研究高考题时，要先看这道题考的是哪个知识点，而它又涉及到哪些其他的知识，然后开始翻阅课本或笔记，把它彻底搞懂，这样每道题都可以牵扯出大量的知识点。

13. 从错题中总结规律

学习的知识点必须通过做习题来掌握，但这并不意味着盲目做题，而是要有针对性地做题。大量的习题能帮助你发现自己的错误。针对错题，进行滚动式的反复练习，最终一一消除这些错误。

优等生经验谈：孙田宇，毕业学校：吉林省东北师大附中，2005 年高考状元，考入北京大学光华管理学院。

在做题中，一旦发现错误，首先做的第一步就是分析出错的原因。要尽量减少因为马虎而造成的错题，马虎是一种很不好的学习习惯，大家必须克服。一般的错题都是有一定原因的，比如说由于某个知识点没有掌握牢，或者说某个方法还不会灵活地运用。根据出错的原因，第二步要做的就是找出很多的配套练习题，进行滚动式的反复练习，把所有和它相关的题型多做几道。直到完全掌握了这种习题，包括它一般的出题方式和答题的方法，这个错题就被攻破了。

可见，做错题并不可怕，重要的是你要从错误中找到原因，总结规律。孙田宇同学举例说：

比如，教材介绍过的三余弦定理，书上有一些推导过程，结论就是一个角的余弦值等于另外两个角余弦值的乘积。刚开始学的时候觉得这个方法自己掌握，但是后来做题还是有失误，因为没有灵活掌握。通过大量做题，我发现在老师出这方面题的时候，提问方式特别有意思，题目经常会问你某一个角的余弦值是多少，我做了很多道题都是这样的。我就总结出一个规律，在综合卷子中，一旦某道题目最后一个问题问的是某一个角的余弦值是多少，我马上就会想到三余弦定理。这样的话，相当于这类题已经在设问的时候提示你解题的方法了。

⌛ 高效锦囊

准备一个错题本，将平时练习中做错的题都记在本子上。整理的每一道题包括题目以及错误的答案、正确的答案和错误原因，有必要的话还可以对正确的思路进行一些归纳整理。

这样，通过错题分析法能总结出出题规律和答题方法，不仅仅是数学，这在学习别的科目上都很有帮助。

14. 培养自己一题多解的能力

一题多解这种做题方法有助于牢固地掌握所学的知识，通过分析比较还可以寻找到解题的最佳途径和方法，培养发散思维的能力。

优等生经验谈：耿泉，毕业学校：安徽省灵璧一中，2005年高考状元，考入清华大学电子信息科学系。

要想提高自己的做题能力和学习效率，要学会练习一题多解，即用多种方法解答同一道试题，这是理科练习中常用的训练方法。这种方法不仅能更牢固地掌握和运用所学知识，而且通过一题多解，分析比较，能够寻找解题的最佳途径和方法，培养自己的创造性思维能力。适当增加一些一题多解的练习题，对巩固知识，增强解题能力，提高学习成绩大有益处。

因此，我们在每做一道题时，都要认真想一想，这道习题用了哪些概念和原理？解题的基本思路和方法是什么？这道题考查的意图是什么？除了这种解法以外，还有没有别的解法？这些解法中哪一种最简捷、最恰当？

要知道，有不少习题，客观上存在着多种解法，要善于钻研，通过对各种解法的比较，确定一种最佳解法并记下来。这样的做题，从表面上看和别人一样，实际上质量却是很高的，做题的遍数也比别人多出好几倍，因为它是从多种解法中优选出来的"最佳方案"。

⏳ 高效锦囊

> 做题时要注意选择习题的内容、形式及解题方法的多样性，对于某些重点知识，可利用习题的变式从多个方面进行训练，以强化对重点知识的理解，获得有关的解题技能。在解题过程中经常地进行一题多解的训练，以避免自己形成某种固定的思维模式，克服学习定势的消极影响。

由此可见，一题多解是一种值得广泛采用的高效做题方法。

第5章 记住你想要记的得一切知识

　　记忆是学习的一环，记忆也是学习进步的基石。他们之间的关系是互为因果、相辅相成的。学习的知识首先要记住才有意义。在记忆和理解下，才有学然后知不足之感。学习，离不开记忆。记忆，就是知识的存贮。学过的知识只有记住了才能发挥作用。离开了记忆，一切学习活动都失去了意义。

　　有些中学生常常抱怨自己的记性不好。其实，除了痴呆者之外，普通人大脑的记忆功能是相差不大的。实际记忆之所以有差异，是因为各人对大脑记忆的规律和提高记忆能力的方法掌握多少不同的缘故。也就是说，学生记忆力水平高低之间的差异只在于方法技巧的不同，如果方法得当，你可以轻松地记住你想要记的一切知识。

1. 如何降低知识的遗忘率

要提高记忆能力，首先要解决的就是如何降低知识的遗忘率。

优等生经验谈：周红乐，毕业学校：广西壮族自治区贵港高中，考入北京大学法学院。

> 记忆不应是盲目的，每天背多少，算多少，这样既容易劳累，而且使你越背脑子里越没头绪，这样条理不清，难于记住。记忆应算着多少天背第一遍，多少天背第二遍，今天背哪一章，哪一节，明天背哪一章哪一节，这样的记忆有目的性，而且使你对当天的记忆内容做到心中有数，而不是无底洞，从而不易疲劳，不易乱了头绪，也不会使你在背得心烦意乱时丧失了信心。当然，我认为背政治历史等科目也不是逐字逐句的死记硬背，而是要想办法降低知识的遗忘率。

在周红乐同学看来，要降低知识的遗忘率，提高自己的记忆能力，就要抓住下面这三个要点：

（1）要把理解同记忆相结合

一定要把所背内容的道理吃透；有了理论基础再来背那

就容易多了。比如我在背历史时就习惯于在背一段内容时，先弄清其中的历史理论，给我们以什么历史启示，这样有了对这一段正确的历史认识再去逐步记忆其中的细节。

（2）把抽象记忆同形象记忆相结合

这一点有助于你轻松记忆，而不至于背得心烦意乱。在背历史时，可以想象那些历史故事，这自然就置你于一个历史大环境，在这样的环境下再来领悟其中的内容与道理岂不简单？在背政治时，也可同社会事实、国际大事相联系来背，既做到理论联系实际，也有助于背牢，背活课本上的字。

（3）千万不能逐字逐句地背

而应先背大方面，先背大点，再具体背每个大点下的小点，再逐步深入到每个小点下的具体内容，这样不仅牢记内容，而且使你头脑清晰，掌握的知识有条有理，知识结构有了固定的框架自然使其遗忘率也大为降低。

高效锦囊

> 背东西时最好能背出声来，这样使大脑接收信息一次，再通过耳朵传送给大脑信息一次，实际上是两次接收信息，这能大大降低对知识的遗忘率。

由此可见，记忆并不是单纯的死记硬背，还是有很多技巧的。

2. 通过比较来加深记忆

这种方法也叫归纳串联法，是指将要记忆的知识总结成体系，进行对比记忆。

优等生经验谈：杨楠楠，毕业学校河南省驻马店高中，2005 年高考状元，考入北京大学元培计划实验班。

我在学习政治、历史、地理等三门学科的时候经常会用比较的方法来加深记忆，非常有效。老师平时会讲到一些类似的问题，把这些知识放到一起对比，这样你就可以把一些相同的知识往上"套"。比如相似的因果关系、相似的影响之类的，都可以用同一个原理往上"套"。这样对比记忆会比较深刻，在考试的时候容易将知识点连成串，知识体系也就比较完整了，得分当然就会比较高。

老师会将有关专题的知识进行详解，但个别问题还需要自己总结。例如，对中国古代专制主义中央集权的建立、发展、强化与衰落，世界近代史上历次民族解放运动，中国近现代革命中四次统一战线等问题的学习，先进行归纳总结，再运用对比记忆的方法，必然行之有效。

比较的方法很多，主要有以下几种：

（1）对立比较法。记忆时，把相互对立的事物放在一起，能形成鲜明的对比，容易在大脑中留下清晰的印象。

（2）类似比较法。很多事物、知识在表面上极其相似，但本质上却有差异，记忆时，可以找出相似的不同点来，予以比较。

（3）对照比较法。指同类材料的不同表达方式之间的比较，这是一种横向对比。一般作法是把同类的若干材料同时并列，在学习过程中进行比较。

（4）顺序比较法。指新旧知识之间的比较，这是一种纵向比较。一般作法是在接触新知识时，把它与头脑中已有的知识相比较，看它们之间的联系、相同与不同之处。

⏳ 高效锦囊

如果识记材料是单一的，该怎样进行比较呢？你可以找一个参照物。例如记一个人，你可以这样想：他的相貌像李老师，他的语言像邻居张大叔，他的名字与表哥一样，只是姓不同……这样一比较，就不容易忘记了。

由此可见，通过比较来加深记忆是一个不错的方法。

3. 过度记忆要恰到好处

什么叫过度记忆法呢？美国一位心理学家下了这样的定义：识记某一材料达到最低限度熟记时，继续学习或复习。简单说，就是在刚好记住的时候，再多记几遍，以争取最佳记忆效果。但是，在使用这种方法记忆时要注意恰到好处，避免过犹不及。

优等生经验谈：杨阳，毕业学校：江苏省宜兴市官林高中，2001 年考入北京大学外国语学院。

总复习阶段，我还用"过度记忆"的方法来复习历史。因为，不管你认为自己对课本内容有多熟悉，掌握得多透彻，都要反复地复习课本，速度依各人的掌握程度而定，比如，如果记忆较牢固，就可以浏览课本。记得我在高考前的那段时间，一遍又一遍地翻课本，至少把五册课本都读了几十遍，所以对其中的知识，可以说是烂熟于胸了，高考时用起来感觉得心应手了。

那么，过度记忆到什么程度为好呢？有人做过这样的实验：让三组被试者练习划手指迷宫，第一组练到恰能正确地划出为止，第二组多作 50％的练习，第三组多作 100％的练习。隔一段时间后测验，结果是多作 50％练习的，记忆效果显著提高，而超过 50％的，记忆效果并不随之再有显著的增长。由此可见，过度记忆也不是越多越好，过度次数与记忆效果并不保持相同的增加幅度。心理学实验认为：如果以刚刚记住的时间为 100％，那么，过度记忆的最佳值为150％。再少则效果不显著，再多则耗时费力，得不偿失。

应该注意，过度记忆并不是机械重复，死记硬背，而是需要积极思维，深刻理解，抓住重点，弄懂弄通。再有，运用过度记忆法主要是对重要的、基础的知识而言，而不是不分主次，一律"过度"。另外，还需说明．过多的过度记忆可能使学生产生疲劳、厌倦，以至注意力涣散等，这是影响记忆的不利因素

⌛ 高效锦囊

记忆可分几遍来进行，第一遍可大略看一遍，然后以后每一遍有所深入，这样一步步加深巩固，使知识扎实。当然在背一遍后发现有许多没记住，这是正常的，不用心慌，在下一次背时，更加着重注意这些地方就行了。

所以说，过度记忆并不是一点"度"没有，重要的是要恰到好处。

4. 先简化后强化

这里要强调是，记忆时，有所简化才有所强化。所谓简化，就是先提炼出识记材料中的关键性语词，然后进行综合概括，形成一个或一组简单的"信息符号"，这样就更便于记忆了。

优等生经验谈：邱汛，毕业学校：四川省内江中学，2005年高考状元，考入北京大学光华管理学院。

记得刚学历史的时候，常常是"开卷了然，闭卷茫然"，做题也时常拿不准。究其原因，就是对知识的记忆程度不够，对课本里的一些知识点没有掌握透彻。但熟悉课本绝不能死记硬背，要掌握得分要点。

首先，在学完一部分内容后，要思考这部分到底讲了什么，哪些是老师上课强调过的知识点，哪些又是应该掌握的要点。然后，带着这些问题对学过的内容进行处理，即用异色笔在书上勾划出每个要点最具代表性的一句话，并在每个要点前面用阿拉伯数字编上序号。就历史来说，划分要点可以根据时间、人物、地域、物产等不同的标准来进行。这样，经过条分缕析，一段文字里所包含的知识点就会凸现出来，一目了然，一方面减少了记忆量，重点突出，另一方面可以避免错记、漏记，同时，在划分要点的过程中可以加深对知识的理解，"一箭三雕"。

这种方法就像制作压缩饼干一样。在简化和提炼过程中，对材料的认识提高了，理解加深了，会上升到抽象思维的高度去把握它。这种概括后的材料，可以称作是知识的结晶体，它言简意赅，具有代表性，容易与头脑中的知识结构相挂联，很有利于记忆。

这种概括材料的主要形式有：

（1）主题概括。无论是鸿篇巨制，还是诗词小令，都有一定的主题思想，只要把它提炼出来，就能概括记住材料的主要内容。

（2）内容概括。对内容繁多的识记材料，可以采取浓缩的方法，化多为少，抓住要点，就会大大减少记忆的工作量。

（3）简称概括。对较长的词语、名称进行简化，赋予它一个新名称，这样就便于记忆。

（4）顺序概括。把识记材料按原顺序概括，记忆时突出顺序性。如"王安石变法"内容：青苗法、募役法、农田水利法、方田均税法、保甲法。可简记为一青二募三农四方五保。

⌛ 高效锦囊

很多识记材料内容庞杂，篇幅绵长，一一记住实在没有必要。如果对其删繁就简，择精选萃，使知识在数量上大幅度减少，在质量上成倍地"增长"，这就会大大地减轻记忆负担，显著地提高记忆效率。

所以说，在学习上，没有概括就没有记忆，对记忆对象主次不分，什么都记，结果是什么都记不住，即使勉强记住了也不一定都有作用。

5. 利用规律的普遍性和重复性

我们所学到的任何知识都是有规律可循的，如果能够分析并掌握识记材料的规律性，对我们的记忆将大有帮助。

优等生经验谈：李锦，毕业学校：陕西省宝鸡中学，

2002 年高考状元，考入北京大学。

高中文科的各科都有大量的知识点需要记忆，记忆力是学习能力中很重要的组成部分。不可否认，不同的人的记忆能力存在着一定的差别，但是，这种差别是很小的，甚至不足以让人与人之间在同样的条件下显示出差异来。我觉得，我之所以在记忆力上有一点点优势，是因为记忆的态度和记忆的技巧。在这里，我要与大家分享的一个记忆技巧就是：利用规律的普遍性和重复性来加深记忆。

那么，怎样运用规律记忆法呢？

（1）要善于分析，就是说，不能改识记材料的表面现象所迷惑。例如要记"13791315192125273133373943 4549"这个数列，死记硬背很费气力，又容易遗忘。如果对它进行分析，发现其规律是可分组为"1—3—7—9—13—15—17—19—21—25—27—31—33—37—39—43—45—49"，第一组加 2 等于第二组，第二组加 4 等于第三组，再加 2，再加 4，以此类推。这样，很容易就记住这个数列了。

（2）要善于理解，就是说，要弄清识记材料各部分之间的关系。例如要记欧姆定律，其公式为 $I = V/R$。对其进行机械记忆，效果一定不会太好，而理解了电流与电压的关系成正比，与电阻的关系成反比，然后再记忆就容易多了。

（3）要善于总结，就是说，要对识记材料进行归纳总结，从中提炼出规律来。如三角函数有五十四个诱导公式，这些公式所表达的三角函数的关系存在一个共同的规律，抓住这个规律，使可统一为"奇变偶不变，符号看象限"两句口诀。只要记住这十个字，就可以推导出全部的诱导公式了。

⌛ **高效锦囊**

> 根据科学家研究，人脑对所接触的知识往往有一个规律，一般是在第一遍接触之后，前 3 天的遗忘率很高，第 3 天到第 7 天次之。所以，重复记忆的时间应该是：20 分钟—3 小时—第二天——周后——个月后……一直重复到第 13 次，才能牢牢记住。

记住，分析规律、利用规律，是提高你的记忆效果的有效手段。

6. 各个击破的分类记忆法

记忆，也可以按照同类相属、异类相别的原则，把记忆对象分类、分科、分项记忆。这好比先把材料放进一个一个记忆的抽屉，再按类别记忆一样。

优等生经验谈：陈龙宁，毕业学校：山东省济宁一中，2001 年考入北京大学国际关系学院。

> 对于文科生来说，既要求细致的记忆，又要求从整体上把握各知识点的内在联系。这就需要我们在记忆时学会分门别类、各个击破。比如历史，它的知识点虽然多，但是都能够根据时间，或者是其他的分类方法把它串成一个链条。比方说像中国古代经济的发展史，这是一个大类，然后经济发展史又可以分成货币发展史、商品发展史，等等。又比如历朝历代加强专制主义中央集权的举措，就可以从战国的初步确立，然后秦朝、西汉、魏晋南北、隋唐、北宋、明清等各个朝代这样整理下来，这就是一个专题。把历史按专题归类整理，条理就非常清晰了，记忆也会很深刻，而且因为是打乱了书本的顺序看，能够有一种新鲜感，能够克服看书过程中的疲劳。

运用分类记忆的方法，我们每拿到一本书或一篇文章，可以分多次记忆，每次只专注记忆其中一个问题，而不管其他问题；一个问题记住了，再记忆下一个问题。这样，一个问题一个问题地记忆，一个问题一个问题地解决，几次下来，全书的内容就全部记住了。

不过，在使用这种方法时，要开动脑筋，多向思维。一般要注意两个问题：一是要确定一个归类的统一标准和依据，否则容易出现归错队的现象；二是要注意了解各种事物间的内在联系，不要局限于表面现象，做到正确归类。

⏳ 高效锦囊

归类方法很多，卡片法简便易行，值得提倡，许多人都善于运用此法。譬如在记忆某些片断知识时，发现报刊上的零星珍贵资料时，运用卡片法归类会使人获益匪浅。而且，同一识记材料运用卡片能变换角度归类，每一次归类都会有新的发现，因而能从不同的角度上对材料进行交叉记忆，收到良好的效果。

总之，分类记忆的好处是：专一、扎实，难点分散，便于各个击破；可以使问题简单化、条理化，促进理解，加深记忆。

7. 用联想把记忆材料串起来

联想记忆法，就是将记忆材料与存储在大脑的相关信息串联起来，以提高记忆的一种方法。

优等生经验谈： 林小杰，毕业学校：山东省莱州一中，2005 年高考状元，考入北京大学光华管理学院。

知识之间的联系是各种各样的，不仅有纵的联系，也有横的联系。在记忆的时候，不仅要善于穿起珍珠，而且还要善于把知识编织成网。在这个过程中，联想能起到非常大的作用。这种方法在学习英语、历史等需要大量记忆的科目时非常有用，尤其是历史本身是一个相互联系的过程，其中有很多事件都是相互关联、相反或相似的，所以在学习历史的过程中，我经常用这种方法来帮助自己记忆。

下面，林小杰同学还具体说明了他是如何采用联想记忆法的：

（1）接近的联想法。在记忆历史的时候，我经常采用的方法就是在书边做一些小标记，有时甚至会画一些小图或符号，它们的确帮助我记住了很多东西。比如说，在记忆明代的大学士张居正实施"一条鞭法"的时候，我就在书边画了一个人拿着一条鞭子。后来，每当我想到这一事件的时候，我的大脑中就会浮现出这一图形，时间久了，张居正和"一条鞭法"之间的联系就再也割裂不开了。

（2）相似的联想法。两种事物相类似时，往往会从这一事物引起对另一事物的联想。把记忆的材料与自己体验过的事物联系起来，记忆效果就好得多。在外语单词中，有发音相似的，有意义相似的，这些都可以利用相似联想法来帮助记忆。

在学英语的过程当中，有些内容对我来说是比较难记忆的，比如一些动词短语——就是用一个动词加副词或者介词组成了很多词组。我想对大多数同学来说，都有同感。这时候，如果联系它们的字面意义来充分理解并联想，比死记硬背效果可能会好一些。

有的词它的字面意思和实际意思会差得比较远，比如说"Comprehend"这个词，它有"make out"的意思，字面上是"使……出来"之义，它的实际意思有"辨认出"和"领悟"的意思，从字面上是很难理解的。然后我就这样联想：它的字面意思是使什么出来，比如说"使'人'出来"，即把其中一个人从这个大队里面拉出来或者是认出来，于是我就记得这个词组有辨认的意思了。"使'意思'出来"，就是使某个意思从一大句话中出来，于是有了"懂得"的含义，即"领悟到……"的含义。

⌛ **高效锦囊**

> 记忆英语时，联想到一些熟悉的方式，或者是容易记忆的东西来记忆词组，比死记硬背强很多。运用这种方法，字面与实际意思迥异的词组的识记问题，就可迎刃而解了。

都说写作文需要联想，其实，记忆同样也离不开联想。

8. 一头一尾最关键

这里要强调的是，在记忆时，尽量要把重要的记忆内容放在开头或结尾去记忆。

优等生经验谈：李锐，毕业学校：内蒙古包头北重三中，2003 年考入北京大学国际关系学院。

我在背东西的时候有一个发现，就是不管背什么，都是开头和结尾的记得最牢。后来，经过多方查找资料我才发现，原来这与人的心理因素有关。

开始识记时，人们有一种好奇心和兴奋劲儿，识记将结束时，人们又容易产生一种如释重负、大功告成的轻松感，这些都是增进记忆的因素。识记的中间阶段，人们容易出现松弛现象，产生厌倦心理，这是不利于记忆的。例如，对于初学英语的人来说，识记26个字母时，开头的 A、B、C、D 记得最牢，末尾的 X、Y、Z 也记得挺清楚，而中间部分则记忆效率相对差一些。

那么，怎样运用重视头尾记忆法呢？

（1）把重要的事情放在开头和结尾去记，如同讲话先讲要紧事，最后再强调一下。

（2）对较长的识记材料可分段记忆，这样每段都有开头和结尾。

（3）一次记忆较多的名词或复习题时，可经常改变它们的排列顺序，轮换作开头或结尾。

（4）合理地组织识记材料，尽量使前后相邻的学习内容截然不同，以减少抑制作用的影响。

（5）在长时间的记忆中，要注意休息，时间最好是10～15分钟，这样就无形中增加了开头和结尾的次数。

高效锦囊

> 美国心理学家荷蒲兰德曾做过这样的实验：他把十二个单词排成一行，让别人来记忆，看哪个词最容易忘记。实验结果表明，没有一个人会记错第一个词和第二个词，第二个词以后错误逐渐增多。第七八个词错误率最高。往后，错误逐渐减少。第十二个词的情况与第二个词一样，错误极少。他把整个错误起伏的情形称为"记忆的排列位置功效"。实验证明，排在前面和结尾的材料记忆效果好。

掌握的记忆的这种规律，相信你记东西就会又快又好。

9. 意境结合记单词

很多同学都认为背英语单词是老大难，这里给大家介绍一种非常实用的方法：意境结合法。

优等生经验谈：张振，毕业学校：山东省枣庄八中，2005 年高考状元，考入清华大学数理基础科学专业。

我学习英语的方法是意境结合法。在英语学习中，单词和短语的记忆是非常重要的一个方面，如果单纯依靠背诵记忆这些单词和短语通常是很困难的。因为每一个单词往往都有很多意项，这些意项有时还有比较大的差异，一味强行记忆不仅容易混淆，而且准确度不高。使用意境结合法可以有效解决这一问题。

下面，张振同学对如何运用这种方法进行了具体说明：

意境结合的具体做法是，将一个单词或短语的所有意项一一列出，然后在每一个意项之后举出一个例句，将单词放入具体的语境下记忆，这样就可以提高记忆的速度和准确率，避免混淆情况的出现。

比如短语"pick up"，它有很多个意项：从地上捡起东西、去车站接人，或者是偶然地学到一些知识。如果单独地记忆，这些意项之间并没有很强的逻辑性，所以直接记忆比较困难。而如果我们能记住含有这个短语的一些句子，就可以根据每个句子的意思，推测出这个短语的不同含义。比如说"I pick up an applefrom the road（我捡起了地上的苹果）"，在这个句子中"pick up"很显然就是"捡起"的意思，这样就可以很轻松地记住这个意项。而在"I pick up Jame at the railway station"中"pick up"就是"接人"的意思，在"I pick up some Japanesewhen I am travelling in Japan"中"pick up"的意项是"偶然学到"。这样通过例句和短语的意项相结合就可以很形象地记住短语的每个意思。

⧖ 高效锦囊

在记忆英语单词时，我们可以接触一些英语的原版语境，包括了解西方的一些文化习俗、文化背景。平常可以多听，比如说可以去看一些英语频道，或者去看一些英文的原版电影，或者去听一些英文的歌曲。不要在意听不听得懂，主要目的是熟悉英语的语境。

总而言之，把原本孤立的单词、短语放到各自的语境中，就会加深你的印象。

10. 根据地图记地理

地理也是一门比较难记的科目，这里所介绍的就是如何根据地图来进行有效记忆。

优等生经验谈： 陈博，2005 年湖南省高考状元，考入北京大学光华管理学院。

　　高中三年，我有过自己曾经相对弱的科目——地理。那时候地理成绩不好，面对地图，好像找不到点。后来老师向我推荐了这种方法，就是要我多看地图，在平时的闲暇时间里，可以随时拿地图册翻一翻，可以不要刻意去记某个地方，就是把这个地图的大概轮廓记在心里。所以，我就有意识地在课后、课间的时候，都去翻一翻地图，比如看新闻时提到某个国家，也会翻一翻这个国家在什么地方，就这样对这些地图大概的轮廓、这些国家的轮廓，都有一点印象。最好是在自己常住的地方挂一幅中国地图和一幅世界地图，发呆的时候有意识地去看看，长时间地训练可以使自己的脑海里形成很好的地理空间概念。以后面对这方面的题目时，就可能马上找到这个地方，找到切入点。

地理知识很杂，很容易混淆。我们可以运用各种办法把知识转化为我们熟悉且容易记住的形式，使自己对知识点的记忆深刻。我们可以想一些趣味的东西，就是不要中规中矩地去记。可以把地名编成歌谣，可以把地图轮廓记忆成具体的实物形象，等等。这样的记忆就不容易忘记。

　　陈博同学说，比如在太阳系的九大行星中，在中间夹了一个小行星带，这个小行星带在火星和木星之间。关于它的具体位置，最初经常记错。后来我想到，它是在火星和木星之间，因为火和木容易烧起来，所以让一个小行星把它们隔开。就这样记下来了。

🕳 高效锦囊

> 不仅地理可以根据地图记忆，这种方法历史也可以。根据地图回忆，这个地方在当时是什么国家，它的经济、文化程度如何等等。

记住，在学习地理时，要利用好地图这个有力的记忆工具。

11. 小纸条的大用处

这里所介绍的同样是一种帮助记忆的工具：小纸条。

优等生经验谈：余子宜，毕业学校：安徽省贵池一中，2005 年高考状元，考入北京大学光华管理学院。

高考作为选拔考试，主要考的是综合能力，但任何综合能力的形成都必须建立在对基本事实和基本原理的记忆上，尤其文科对记忆的要求更高。各学科海量的信息该如何记忆？与大多数同学一样，我在记忆方面也遇到过麻烦。最可气的是，有时明明是十分简单又十分熟悉的知识点，运用时却怎么都想不起来（相信大家也有过类似的经历）。后来通过查资料我才得知，这与人的记忆习惯有关，克服它的办法只有反复记忆。

于是我想到像杰克·伦敦那样使用小纸条来帮助记忆，把容易遗忘的知识点写在纸条上，贴到容易看到的地方，例如卧室、门上、床头、写字台边，多留心记忆。小纸条的内容不求全面详尽，但求一语中的、一目了然，必要时还可配上适当的图表以便记忆。

对于如何运用小纸条来帮助记忆，余子宜同学有很多心得，他说：

需要说明的是，贴在墙上的小纸条要根据当前的学习实际情况不断更新，才能发挥最大功效。而且我们要针对自己现阶段的学习特点来准备小纸条。比如说现阶段我在学数学，学习导数，我对这一章的某些内容可能记得不是很牢，我就把这章的一些知识点抄到小纸条上贴出来，这样就可以和自己当前的学习进度相一致，及时地把补丁打上去，不要像在上网的时候等到病毒侵蚀你的系统时，你才想起来要给系统打补丁，那时候就来不及了。如果把我们的知识信息比作一张网里面的鱼的话，我们一定要在鱼还没有溜走的时候，把渔网的补丁打上。

⌛ **高效锦囊**

运用小纸条记忆的两个注意事项：

1. 在制作小纸条的时候要注意，内容要比较简洁，而且要突出重点，像如果我们的小纸条也像书上所表述的一大堆文字的话，自己也会懒得看，就算看了也很难记住。

2. 在设计小纸条时还要注意的一点是，那些特别容易遗忘的关键词，应该用大字号或醒目的颜色（如红色）表示出来，这样记忆起来才会更准确、更轻松。

记住，普普通通的一张小纸条也能起到帮助你记忆的作用，关键是看你会不会用了。

12. 英语背诵"五步法"

要想学好英语，势必要背大量的课文，这其中也有好方法。

优等生经验谈：周莉，毕业学校：江西省萍乡湘东中学，2001年考入北京大学国际关系学院。

现代英语教学，十分重视背诵课文。但要想又快又准确地背诵出一篇篇课文就一定得讲方法。不讲方法瞎背，既费功夫，效果也差。要想背熟一篇课文，不妨按这五步走：第一步，先听课文录音；第二步，大声朗读课文；第三步，合上书在心中默想；第四步，打开书再朗读一至两遍；第五步，合上课本，背诵全文。这就是我总结出的英语背诵"五步"法。

下面，我们就来看看这"五步"的具体步骤：

第一步：听熟课文录音。合上书，把一篇课文的录音磁带完整地听一遍。在听第一遍的时候，要集中精力把耳边听到的英文和相应的中文联系起来。这样，脑子里就留下了一篇课文的最初印象——它的中文形式。然后，倒带，再听一遍，这一次应把精力集中到课文的句子上，努力去想所听到的句子是由哪几个单词构成的，这样，脑子里便留下了全篇的第二印象——它的英文形式。

第二步：大声朗读课文。当脑海里对课文有个大体的印象后，便开始第二步—大声朗读课文。朗读要达到较流利的程度，对于文中的字与句经过一两遍朗读后，应该已有了比较清晰的印象。

第三步：在心中默想。合上书，闭上眼睛，在心里默默提几个问题，如故事发生在什么时间，有哪些人物，先发生了些什么，然后可以在心里暗暗地用中文连缀全篇。还可以根据刚才所想内容的先后顺序，试着将英文逐句翻成中文。这其中或许语言不尽流利，或许跟文章有所出入，但这无关紧要。

第四步：打开书再朗读。在进行了大致的翻译后，开始第四步。把课文打开，再读一至两遍。这一次朗读的要求须高于前一次。不仅要留意单词和句子，更重要的是要注意刚才的翻译与原文不符的地方，应作重点记忆。接着要再次浏览全文的结构，以加深印象。

第五步：合上书本．背诵全文。只要前四步能够聚精会神，一丝不苟，那么这最后一步应该是比较轻松的，只需在流利程度上有所提高便可以了。

⌛ 高效锦囊

在运用英语课文背诵"五步法"的时候要注意，这五个步骤最好要按顺序进行，不要随便打乱顺序或削减步骤。

已经有很多优等生都谈到，要想学好英语，就一定要背英语课文。希望每一位同学都能像周莉同学一样，在实践中找到自己的方法。

13. 说功与背功

这里要强调的是，不仅文科需要读和背，理科的学习也是如此。

优等生经验谈：周翔，毕业学校：浙江省桐乡高中，2000 年高考状元，考入北京大学。

别人都说理科生靠的是做成千上万道习题，我不是这样，我用对待文科的方法——"背"去对待理科的习题。记得高三时，我把物理课本上凡是黑体字的公式、定义和例题都背了一遍。在具体做题目时，我一看题目就知道它关系到几个公式，相似的题型是在课本上的第几页上，这样我做题目速度和质量就提高了。

除了背以外，周翔同学常常自己念念有词地"说题"：

一、说出题目；

二、说出题目中的求解；

三、说出题目中的显性已知条件；

四、说出题目中的隐性已知条件；

五、说出题目中求解所需而未知的条件；

六、说出解题思路。

周翔同学说，把题目说一遍，往往思路就清楚了，而且印象还特别深，不易忘记。他说，这个方法，是受老师的启发。他发现老师对许多题目都很熟悉，开始认为是老师记性好，后来悟到，老师上课讲题，把题目翻来覆去地说，没法印象不深。

⧗ 高效锦囊

在记忆中，比较常用的形式就是用眼看，同时，还应该注意尽量补充以用口读、用手写的形式。读的时候不能照本宣科，有口无心；写的时候不能局限于抄写、默写，而要与动脑思索结合起来。

正是靠着说功和背功，周翔同学才考出好成绩，考入了北京大学。

第6章　提高利用学习工具的能力

中学阶段，我们用到的各种教科书数以百计，做过的试卷多以千计……这么多的学习工具，如果我们会用、善用，对于学习将是一个极大地推进。反之，如果我们不会用、不善用，则对学习将会产生强烈的负面影响。

因此，善于学习的人，都能将教科书、教辅书、试卷、笔记等学习的工具的潜在价值挖掘出来，将它们的功能发挥到极致。

1. 不能丢掉课本这个 "根据地"

这里强调的是，学习要以课本为根本，抓住不放。

优等生经验谈：孙婕，毕业学校：山东省青岛九中，保送清华大学外语系。

学习要牢牢抓住教科书，教科书上有所有学生应该掌握的基本的定义定理和推导所用的基本方法。题目应当在书看好消化好之后才开始做，回家作业也是如此。照着书上的证明抄或是不加考虑乱套公式，又怎么能收到良好的学习效果呢？

也就是说，教科书才是学习的根本，对此，郭慧勤同学说：

老师经常说，课本上的知识是很重要的，它代表着基础知识中的精华。但仍有很多同学都拼命看课外书而忽略了书本中的知识。

书本可以从厚读到薄，第一次看到的时候属于接触新事物的阶段，机械地学完每一小节，便觉得该学的和已学的、将学的都很多．知识杂乱无章，像自由电子一样；第二次读书时又会发现思路渐渐清晰，每一节间的过渡知识也渐渐显示出来，这时就基本上可以滔滔不绝地说完整书的内容。虽然只有一个大框架，但感觉上就是自由电子外加了一个磁场，电子开始变得整齐、有序、定向移动；第三次看书时，又会发现很多新鲜有趣的东西，这是因为我们做题的时候产生了很多疑问。我们一直在思考这些疑问，现在突然在课本上找到答案了，自然觉得兴奋。随着疑问的增加，发现的东西越来越多时，我们又情不自禁地感叹，这本书实在太厚了，每读一遍，都有新的收获。

在考前，我就喜欢读课本。当然，看课本不局限于看、要心、眼、手同时调动，用心领会，用眼观察，用手演算并及时记下自己的思维火花。

高效锦囊

在复习这个环节，要读课本，在预习、听课、做题等各个环节，也同样要读课本。课本，就仿佛是学习上的"根据地"，而目录，又恰似这个"根据地"的"中心区"，我们什么时候也不能丢掉这个根据地和中心区。

显而易见，"重视教科书"不是哪个教育行政部门的硬性规定，而是那些优等生在教学和学习过程中摸索出来的宝贵经验。

2. 重视目录的作用

课本中最重要的信息之一，就是目录。所以善读课本的同学一定首先善读、善用课本的目录。

优等生经验谈：陈天一，毕业学校：江苏省南通中学，2001 年考入北京大学法学院。

> 我读书的经验就是：利用好课本目录。这样既有利于整理知识，使知识系统化、条理化，使书越读越"薄"；又能够促使我们在忆、说、写的复习活动中充分发挥主观能动性，增强自主意识，培养学习能力。

课本目录的利用方法主要有以下几种：

（1）忆。就是翻开目录，看看自己是否能够根据目标，依序记忆各个课题里面的知识内容，回忆起其中的概念、性质、法则、公式、数量关系和解题方法等。在忆的过程中，可以边忆边把知识要点记在草稿纸上，以加深印象。忆不起时再翻看有关内容。

（2）说。就是在独立回顾、记忆一番后，几人一组，共同述说各个章节的基础知识、重点内容以及知识间的联系与区别等，以此起到相互启发、相互补充、相互完善的作用。

（3）写。可先默写目录内容，看看自己是否记住了教材的主要内容。再用书面形式整理知识梗概，辨析易混知识，叙述学习的方法和体会。

实际上，会读书的人都很看重目录，善读书的人都很善用目录。以往我们对目录似乎重视不够。正如有些教师所指出的："究其原因，就是小看了目录的作用。"

⏳ 高效锦囊

可以对教科书目录进行改造和补充。所谓改造，是指可以将目录输进计算机，然后重新设计。例如可以加大间距及天头地脚，便于增添内容，然后加以灵活运用。

其实，目录的作用是很大的，只要善于利用，还远不止上述的那些方法，这就需要同学们在实践中摸索了。

3. 自己编一本参考书

由于目前市场上的参考书、习题集质量高低不齐，所以，自制一本"参考书"，是一条去粗取精、去伪存真的好办法。

优等生经验谈：陈文斌，毕业学校：浙江省义乌中学，考入清华大学水利水电工程系。

经验积累在数学学习中非常重要，我通常的方法是准备一本笔记本，对每种类型的题，记下它的解题思路，并附上例题及解答过程。（为了省时可以复印剪贴）因为题型繁多，不可能也无必要一一都记，只对那些自认为容易忘掉的内容加以记录。这一本经验集便是考前最好的复习资料，尤其是在高考复习阶段，面对浩瀚的题海，如果没有这么一本"指导书"，往往会无所适从。

从众多的习题集、参考书中提炼出一本自己的"指导书"，显然是博采众家之长的过程，也就是一个整理、吸取信息的过程。这真是一个利用众多令人眼花缭乱、不知所从的习题集、参考书的好方法。正如刘静国同学所指出的："在高考总复习的时候，会接触到大量的新题型、新思路、新方法，不妨把有启发性的那些整理出来。一方面整理的过程就是消化的过程，另一方面在复习的最后阶段可以用较短的时间回顾总复习时收获的知识。"

高效锦囊

> 其实，无论多优秀的参考书，都不可避免的有滞后性。大家可以在利用一本好的参考书的同时，把一些很好、很优秀、很重要的题抄下来，作为该参考书的补遗或续编。两本书（一本是真正的书，一本是自编的书）一起用。

当你面多众多的参考书无所适从的时候，就自己编一本吧。

4. 利用参考书要"先删后做，先做后想"

有的同学手里有了很好的参考书，却不知怎么用，这里就有一个高效利用参考书的好办法，就是，先删后做，先做后想。

优等生经验谈：李彦铭，毕业学校：天津外院附中，2001 年高考状元，考入北京大学国际关系学院。

关于参考书，一定要选好，切忌浪费时间在那些冗滥的东西上。一般来说只要做好各科老师推荐的那一两本就行了，其他的就真的只是"参考"了。但在这一两本之中也要有所选择，追求效率。我做题呢（数学），一般是先看，太简单或无意义的就删掉，再从头用最快速度做一遍，太难的先不做。过几天再把做错的和没做出来的题好好做一遍。还有做不出来的就放在手边，有空就拿出来想。实在做不出再和同学讨论解决或者直接琢磨答案。

李彦铭同学感觉这种方法还是很有效的，他说：

这样，对我所不熟悉的解题方式和出题思路才能烂熟于心，对容易出错的知识点也认得比较清。最重要的还是省时间，人家一单元还没做完，我已经做完两单元了，虽然有好多空着的。

显然，这位"状元"利用参考书的办法是分两步走：

第一步：先把参考书中不必做的题删掉，然后再做未删的题；

第二步：先尽力去做题，做完题后再仔细思考较难的题。

通过这两步，李彦铭同学达到了三个目的：

第一，熟悉了原本不熟悉的解题方式和出题思路；

第二，对容易出错的知识点也认识得更清楚；

第三，节省了时间，提高了效率。

⏳ **高效锦囊**

> 参考书上的三类题不必做：
>
> 1. 已经掌握了的题型不必做；
>
> 2. 超出高考大纲的题不必做；
>
> 3. 太简单的题不必做。

记住，掌握了这个方法，你就能将参考书的作用真正发挥出来。

5. 让工具书真正发挥作用

工具书的范围很大，包括辞典、手册、百科全书、统计资料等等，这里要介绍的是，如何最大限度地发挥知识手册这类工具书的作用。

优等生经验谈：林妍，毕业学校：浙江象山中学，考入北京大学光华管理学院。

刚升入高中时，感觉课程一下子多了好多，真是记不过来。这时妈妈找了一篇讲记忆规律的文章给我看。对照这篇文章，我觉得复习的次数不够，所以肯定会遗忘。于是，我决定加大复习的密度。很快，我就发现完全依赖用课本复习很不现实，课本的目录太过简略，一课课翻看课文又太费时间。后来，我看到有同学买的一些"知识手册"类的工具书，就也去买了一本，发现用"手册"来帮助自己复习很不错。因为"手册"已将最基本的知识帮你总结好了。

林妍同学的具体做法是，每天拿出一个钟头左右，系统复习理化等功课。最好是全面复习，即将学过的内容。大体依"手册"总结的体系过一遍。这种方法非常有效，下面我们再补充几点意见：

（1）尽量将"手册"与课本联系起来。林妍同学也说了，"手册"只是"助学"，课本才是基础。实际上，我们不过是利用"手册"归纳的较好的体系为线索，来复习课本上的内容罢了。所以不妨将课本上的一些内容，补充到"手册"上去，不一定是全盘抄过去，几个字，几个页码就可以了。

（2）尽量将"手册"与考卷联系起来。考卷中的一些题目，也是要记的知识点。所以不妨将考卷中的部分精华纳入到你的"手册"系统中去。

（3）尽量将"手册"与别的参考书联系起来，只要有好的材料，就补充进去。

高效锦囊

> 工具书也有其先天的不足。这主要反映在其内容往往有些滞后，工具书编撰的周期长，修订一次不易，因此内容上有些滞后，也是可以理解的。同学们在使用时，一定要寻找最新版本，并注意寻问有无增订本、修订本。

看来，用好"手册"类的工具书，确实能对你的学习带来很大的帮助。

6. 学会利用英英字典

有的同学在学习英语时一遇到生词就用文曲星或查英汉字典，其实，多利用英英字典才是一个不错的选择。

优等生经验谈：陈敏，2005 年山西省理科状元，考入北京大学元培计划实验班。

在英语阅读过程中遇到生词是非常常见的，这个时候我发现很多同学往往都用文曲星或者比较简单的小辞典来查，然后在单词旁边简单地标上汉语意思。我认为这只是一种比较直接、简单的英语学习法。我的经验是，遇到生词用英英对照的纸质词典查阅会更为有效，比如像《牛津高阶英汉双解词典》或者朗文等英英辞典，这些辞典里面都既有汉语解释也有英语解释，查阅的时候我们可以更多关注单词的英语解释。由于我们在看英语解释的时候本身就是在用英语进行思维，因而这种方法有助于加强我们的语感，训练我们的英语思维能力，对辨别近义词的细微差别，提高完形填空答题水平特别有效。

英语里很多单词对应到中文里是同一个意思，如果仅看汉语翻译就很难真正理解它们之间的细微差别，而用英英词典对照法就可以有效地解决这一问题，这是只有简单英汉对照的电子词典做不到的。陈敏同学举例说：

比如有一篇关于接力赛的完形填空，有一句话写接棒：I __ the stick. 我在 caught（catch 的过去式）和 took（take 的过去式）两个选项中犹豫，两个词的中文翻译都有"接住"的意思，而查阅《牛津高阶英汉双解词典》后会发现，catch 指 stop and hold amoving object, esp. in the hands，强调的是接触一个飞过来的东西，take 指 get or lay hold of sb / sth. with the hands, arms，它有把什么东西阻止下来，然后再用手接住的意思，相比之下自然选 took。

⏳ **高效锦囊**

> 大量阅读是提高英语水平的最佳途径。阅读材料应选择权威的、时效性强的报刊，比如 *21st Century*，水平高一点的还可以看 *China Daily*。这样再回过头来看考试的阅读材料，就有用一桶水注一杯水的感觉。

学英语时利用文曲星、快译通等翻译电子产品或直接查英汉字典确实省事，但为了真正提高你的英语水平，还是用英英字典更有效。

7. 把笔记化整为零

这里所介绍的是一种制作卡片式笔记的方法，如果坚持不懈的使用，将会使你的学习变得轻松愉快。

优等生经验谈：钱磊，毕业学校：福建省福安一中，考入北京大学经济学院。

可能很多同学都有这样的感觉：笔记记了厚厚的几本，但要用的时候却因为内容太多而感到头绪不清。其实，可以试着将笔记化整为零，用卡片来做笔记。它的特点是便于携带，使用方便，形式灵活。不过，这种方法有个最大的弊端，就是经常会使事情逻辑性的关联中断，以致无法整理得很理想，往往变成死板的资料。

所以在使用卡片记录法的时候，应把重点放在分类上，做到需要时就可以信手拈来。要达到这个目的，最有效的方法是：第一，把相关的卡片贴在一本笔记本上；第二，在纸上画出图表，这样更容易识别。

有一位著名的心理学家，他利用卡片记录法的方式很全面，他在卡片上写下书名、页数和重点，然后加以分门别类，再以透明胶带将卡片粘贴于纸上。另外，还有一位物理学家则是将卡片划分成不同的种类，各有不同的大小和颜色，因此很容易识别。

这两种方法都值得我们平时借鉴使用。

卡片很便宜，而且购买也非常方便。所以，做卡片应该是一种非常简单实用的笔记方法。但是，在做卡片的时候，应该注意以下几点：

（1）每一张卡片最好只写一个问题、一个事例，或者同一个类型的问题。这样既灵活，又不零乱，便于分类整理以及装订成册。

（2）每一张卡片必须注明资料的来源、书名、篇名、版本、卷首、页码，甚至作者等，便于查找与选择。

（3）随着学习水平的提高，卡片的积累应该向某些方面集中，这样做的目的是使所收集的资料更加系统化和深刻化。

⌛ 高效锦囊

一定要养成定期整理卡片式笔记的习惯，按性质或需要，把卡片编上页码，分类插放，既为查找使用提供方便，又可在整理过程中使自己平时分散、零碎的知识变得系统、条理起来。

同学们可以试试这种方法，只要坚持下去，一定会有所收获。

8. 科学整理笔记六步法

很多笔记是上课时听讲记得，由于时间紧，所以难免会有杂乱无章之感，所以要学会科学整理笔记的方法。

优等生经验谈： 邓靖芳，毕业学校：广西南宁二中，

2001 年考入北京大学。

我学习的经验之一就是，不光要会记笔记，而且还要善于整理笔记，使笔记便于复习使用，以发挥笔记的最大效能。

由于种种原因，同学们在课堂上所做的笔记，往往比较杂乱，课后觉得不好用，为了巩固学习效果，积累复习资料，确有必要学会整理课堂上做的笔记，使之成为清晰、有条理、好用的参考材料。这里介绍一套"整理课堂笔记六步法"，很有实用价值。

下面，我们就要详细介绍以下邓靖芳同学的这"六步法"：

（1）记。"趁热打铁"，课后即抓时间，对照书本、笔记，及时回忆有关的信息。实在忆不起来，可以借同学的笔记参看。这是整理笔记的重要前提，为笔记提供"可整性"。

（2）补。课堂上所做的笔记，因为是要跟着老师讲课的速度进行，一般的讲课速度要较记录速度快，于是笔记就会出现缺漏、跳跃、省略、简洁甚至符号代文字等情况。在忆的基础上，及时做修补，使笔记有"完整性"、

（3）改。仔细审阅笔记，对错字、错句及其他不够确切的地方进行修改。其中，特别要注意与解答课后练习，与学

习目的有关的内容的修改，使笔记有"准确性"。

（4）编。用统一的序号，对笔记内容进行提纲式的、逻辑性的排列，注明号码，梳理好整理笔记的先后顺序，使笔记有"条理性"。

（5）分。以文字（最好用红笔）或符号、代号等划分笔记内容的类别。例如，哪些是字词类，哪些是作家与作品类，哪些课文是分析类，哪些是问题质疑、探讨类，哪些是课后练习题解答，等等。为分类摘抄做好准备，使笔记有"系统性"。

（6）舍。省略无关紧要的笔记内容，使笔记有"简明性"。

⌛ 高效锦囊

> 经过这六步整理的笔记，将同类的知识，抄在同一本簿，或一本簿的同一部分里，也可以用卡片分类抄录。这样，日后复习、使用就方便了，按需所取，纲目清晰，快捷好用。

记住，笔记不是记完就完了，为了让它更好地为你的学习服务，就必须对其进行科学的整理。

9. 难题笔记与错题笔记

人最不能原谅的是多次犯同一种错误，再难再容易错的题，如果总结成笔记，重点突破，一切问题也就迎刃而解。

优等生经验谈：谢尼，毕业学校：陕西省西工大附中，2005 年高考状元，考入北京大学光华管理学院。

根据我的经验，学生最害怕的事就是考试时不会做题和做错题。不会做题可能是因为觉得试题陌生或太难而无从下手；做错题是本该做对但因种种原因而做错了。在我看来，要避免这两种情况，除了巩固书本基础知识外，平时要坚持做难题笔记和错题笔记。如果能养成坚持做难题笔记和错题笔记的习惯，并在做笔记时加以分析，使难题不难，错误不再重犯，这会明显提高考试时答题的正确率。

下面，我们就来看看如何做难题笔记和错题笔记

（1）难题笔记

准备一本专用记录本记下平时练习和各次考试时碰到的难题，并在难题旁注上关键难点、解题思路与方法，并列出该题若干种变化形式，举一反三。这是根据碰到难题的先后顺序从纵向做难题笔记。此外，还可以根据难题的性质从横

向分别加以归类。学生审题后不能把当前习题归入知识系统中相同或相似类型之中，是造成无法解题的关键。同类型难题归在一起，见多识广，不致在考试解题时对不上号而无所适从，平时从纵向、横向两方面对碰到的所有难题进行分析归类并贮存在脑子里，下次碰到相同或相似的题目就不觉得难了，考试时碰到新难题的可能性就不大了。

（2）错题笔记

避免错误重现最好的办法莫过于把错题记下，从中吸取教训。做错题笔记包括三个方面：

①记下错题是什么，最好用红笔画出。

②分析错误是在哪一环节上发生的，为什么会出现这一错误。

③根据错误原因分析提出纠正方法，并提醒自己下次碰到类似情况应注意些什么。

高效锦囊

如果错误发生在审题环节，则应分析是遗漏了题目的要点或细节（因为有些题目是一题多问、一问多求甚至一求多法），还是看错了题；是没觉察出题中的隐蔽条件，还是未弄清条件和问题之间的关系；是看错了，还是没记住题意导致思维偏差或不完整。如果是题目归类错误，则要分析是未找到该试题与脑中已有试题类型之间的联系，还是没有把两者间的差异区别开来，检查一下解决该题的有关知识有无掌握牢固，还有哪些漏洞，以便日后弥补和进一步巩固。如在求答上出错，则要分析是没有掌握解题技巧，是粗心，还是其他什么原因。

可见，笔记不在于记了多少，而在于怎样记才最见效。

10. 阅读笔记的方式可以灵活多样

做阅读笔记是文科学习最常用的方法之一。但做阅读笔记也有不同的方式，常见的有摘录式，提要式，心得式，索引式，大家可以根据自己的情况灵活应用。

优等生经验谈：陈敏杰，毕业学校：河北省渤海中学，2001 年考入北京大学。

我周围有很多同学是不做读书笔记的。他们认为，自己本来已有这本书了，而且老师也会给每一章作个概括，假如自己再去做什么摘要，似乎没多大意义。但是，我的建议是，为了以后的复习与参考，读书的时候还是应当做一点笔记。因为，掌握教科书的最好办法是训练自己做简明扼要的概括，选择出那些重要的东西，同时尽量做到准确。

上面陈敏杰同学讲了做阅读笔记的重要性，下面我们来谈一谈做阅读笔记的几种方法。

（1）摘录法

如果你是学文科的，便可摘录有关的学习资料、重要文章、警句格言、词语典故，或者是唐诗、宋词的名言佳句等。如果你是学理工科的，就可以摘录有关文献、重要的结论与证明、独特的技巧等等。当你以后需要用到的时候，这些笔记的价值是非常大的。

（2）提要法

对文中的某一观点、事件、情节或某一章节、定理等进行分析和归纳，用自己的话把其内容、要点写出来。这样做的目的不仅仅可以备忘、备查，而且可训练你的综合、概括能力。

（3）心得法

心得式笔记法就是记下你对某一问题思考的心得。这是写笔记的一种高级形式，要求有更多的个人创见，难度也较大所以，要特别注意捕捉生活中的火花。但它却是创造的半成品或完善的精制短篇，一旦需要时，就可组织起来，使之成为有价值的作品。

（4）索引法

索引就是写下有关文章的题目或书名等。因为在实际学习中，可能会经常碰到这种情况：当你看到某些东西感到十分有用，但内容却太多，前面的三种笔记法又都不易采用。但是，往往到要用这个内容时，你却忘记了或找不到了。如果遇到了这样的问题，就只好做索引了，以后可顺手拈来。

⏳ 高效锦囊

做阅读笔记的两个要点：

1.等读完了书的整个一节或一段以后再做笔记，不要读几个字记几个字，仿佛是在记流水账。

2.要用你自己的话，不要一味地抄写。但是，必须要与书上的原意相符。

上面四种做阅读笔记的方法，各种方式都有它的优点，可以根据自己的兴趣爱好或者具体条件而定。

11. 从笔记中"筛"出重点中的重点

笔记除了需要整理以外，还需要筛选，把重中之重挑出来。

优等生经验谈：康静，毕业学校：湖北省武汉外语学校，2005 年湖北文科状元考入北京大学法律系。

每天或是经过一段时间后，要翻看笔记，将重要的和非重要的内容筛选出来，并要持之以恒。经"筛选"掉的笔记，可略去不看或觉得需要看它一两遍，对"筛"出的重点内容就要多花时间去复习。要细读、细看、细想，多问几个为什么。尤其是重点中的重点，更不可走马观花似的浏览一遍，一定要做到"心到"，不用心，读一千遍、一万遍也无济于事。

很可能，有些同学认为这种方法很费功夫，还不如多读几遍，其实不然，在"筛选"笔记的过程中，其实就已经开始复习了。而且，由于"筛选"笔记时思想很集中，所以复习效果也就更好。既然笔记的筛选如此重要，那么，具体应该如何做呢？

（1）把笔记温习一下

别忽略了温习笔记。没有"温故"，何来"知新"？在温习过程中，对照课文，回忆老师的讲解，多问个为什么，这样能起到巩固作用。

（2）校对答案

在回答问题以后，要对照笔记，校对答案。答得顺利且正确的内容可以作为"米屑"处理；而对一些答得较困难或答不上来的问题，那就把它列为"米粒"，打上记号，将"米粒"整理出来，当然对在听课时打上重要记号的地方也不可忽视。

（3）"筛"出重点中的重点

"筛"出重点中的重点即对于老师上课特别强调的内容，或自己还很难理解的地方，打上不同的记号，以便引起重视，更好地复习。

⏳ **高效锦囊**

由于课堂上时间比较紧迫，老师所讲的一些内容当时可能漏记。下课后，应尽快抽时间去补充。对课堂上所记的混乱部分，最好重新整理、归纳，这也是加深理解和强化记忆的一个重要环节。

看来，对待笔记也可以像淘金那样，把沙子淘干净了，剩下的就是最有价值的。

12. 使笔记本变成你的超级辞典

这里所介绍的同样是如何一种高效利用笔记本的学习方法。

优等生经验谈：张晓瑜，毕业学校：辽宁省实验中学，1997 年考入北京大学。

把老师课堂上所讲的内容记下来，经过一番整理，列出主次、重点和非重点。这样的笔记让人看起来一目了然，可以算得上是一本合格的笔记了，但若想让它达到超级辞典的程度还远远不够。

要想使笔记成为超级辞典，那么它就必须是相当全面和具体的，应该把各项需要掌握的内容包罗起来，以数学一科的笔记为例，它应该包括基本概念的理解；一些公式和定理的推导过程；课堂例题和练习的演算步骤；老师总结的重点及一些注意事项；课后练习及标准答案等几方面的内容。

关于如何使笔记本变成你的超级辞典，我们再来补充几点意见：

（1）掌握笔记本的编辑技巧

有什么记什么，不知取舍，不懂得分类、归纳，记得乱七八糟，这对提高学习效率毫无助益。所以，还应该学一些编辑的技巧。只有经过编辑，才能使笔记条理化、系统化，用起来才有效率。下面介绍几种方法：

①使用二分法——把笔记本分成上段、下段，或是左右两边。像这样分割成两个或是更多区域，可以把各种知识归结分类。

②尽量把同一项内容记录在同一页码或是相邻的页码里，这样在用到的时候就会非常方便。

③笔记本上的内容要尽量记得形象具体一些，除了文字以外，还可以和相关的表格、图形相结合起来。这样可以加深理解，增强记忆。

（2）选择合适的笔记本

在学习中，我们时常可以看到一些同学的笔记本破破烂烂的，不是缺了面，就是少了底，或是页角折折卷卷，有的甚至还遗失了其中的部分内容。这样的笔记本不只是看着不舒服，就是用起来也相当不方便，所以笔记本一定要保管好，做到整洁、美观。

高效锦囊

> 　　一个笔记本最好是能用相对比较长的时间，不断地更换笔记本会造成知识的分散，在学习和复习的时候都深感不便。所以在选购笔记本时最好选择开本较大，页数较多的。而且为了长久地保存，还要选择纸质较好的。

　　看来，仅仅一个笔记本就有如此多的学问，可见，在学习中还有很多技巧、方法等待同学们来发现。

第7章　文科学习有窍门

有人说，文科学习，只不过是记记背背而已。其实不然，要真正学好文科，其中还有很多技巧需要你去掌握。比如，在语文，要多看一些评论性的文章，这对于自己的组织能力有很大的帮助的，还有语文少不了要考文言文的，平时老师讲过的题目，要多看，总结做题目的技巧。在历史上，除了要在课堂上记好笔记外，在课外最重要的是多看书，学完一课，要列出知识网络，方便自己记忆。而政治，也要多看书哦，多关注社会，该记得的内容一定要掌握。说到地理，一定有一本地理世界地图，多看地图，根据不同的地理条件分析不同的问题，掌握该地方的积弊，这有利于解决问题。英语这一科，最紧要的是平时要多说，说错了也不要紧，习惯于和别人用英语交流，多看英语周刊积累多一点词汇，方便自己写作，还有每天要记一些单词。因此，你想学好文科，最重要的是不怕麻烦，不怕疲倦，根据自己的实际情况，制定好每天温习的时间表，尽量使自己每天学到的东西要比别人多。

1. 零存整取学语文

高中的语文学习，是几门学科中最难以把握的，因为其他的课程可以总结出很多实用的方法，可以做大量的习题，但是这些对语文课的学习来讲收效甚微。

优等生经验谈：刘黎君，毕业学校：江西省上饶一中，2002 年考入北京大学经济学院。

语文的学习，我觉得应该提倡"零存整取"。其实语文本身在学科方面就比较杂、比较碎，和课本的联系相对少一点，就算是语文考试的内容，和课本联系得也并不紧密。在语文的学习过程中，可能有些人会花大量的时间去做语文习题，我认为这样是没有效果的。

语文的学习．用一个成语来说．就是细水长流。语言的学习关键在于应用，只要你足够留心，其实语文的学习完全可以贯穿于生活中。像我们现在的社会，资讯很发达，我们平时大部分的时间在与文字打交道。我从小就有意识地注意语文知识的积累，比如我们在读报纸、看杂志、看某些文章的时候，都可以有意识地把一些自己认为好的句子、词语，或者有意思的人物事迹记录下来，可以用笔作文字记录，也可以把它们记在脑子里。如果我们能够常常留心，随时积累，对我们的语文水平是大有帮助的。

同时，平时可以试着多读一些经典作家的经典文章。这些看似和学习没有多大关系，但其实我们已在不知不觉中提升了自己的欣赏品位和鉴赏水平，打开了自己的思路。在考试时，他人的好语句、好事例我们都可以运用到自己的作文中。长期的积累，对于我们的语文考试是非常有帮助的，

⏳ 高效锦囊

语文学习"三字经"

学语文，兴趣浓；长坚持，贵有恒。勤动笔，多练习；勤阅读，多积累。

勤观察，多问题；好习惯，要养成。考试前，多回忆；考场上，要仔细。

学习语文不能急于求成，应该有打持久战的准备，如果你能踏踏实实地去学，一定会有所收获。

2. 强读还要强记

学习语文感觉困难的同学，可以试试下面所介绍的强读加强记法。

优等生经验谈：刘诗泽，毕业学校：黑龙江省佳木斯一中，2005年考入北京大学元培计划实验班。

记得读小学时候，班主任老师总是要求班里的学生背诵解词，我属于那种比较聪明但又比较懒的学生，经常会想一些办法逃避作业，不过由于老师的严厉，我常常都无法逃掉。在小学升初中考试时我没有发现一道有关解词的题目，为此我后悔了好几个月，觉得"白背了"。到了初二，我才逐渐感觉到，以前背诵过的解词为我的语文学习打下了多么牢固的基础，由此我总结出了一个方法：强读加强记。

可以说，这个方法对刘诗泽同学的语文学习帮助很大，他说：

初二、初三两年，我坚持每天阅读10个词语解释和两首诗词，今年（2005年）高考试题中的诗词鉴赏题正是我在初三时阅读过的。你可以说这是一种运气，但我觉得这种运气是建立在坚持不懈的阅读基础之上的。此次考试我的语文成绩达到了138分，可以说这与小学和初中打下的扎实基础有着直接的关系。

另外，我还要介绍一下"强记"法。此法的关键在于后一个字"记"。我在高中三年的学习中，除了语文，其他的科目都没有笔记，但我语文笔记记下来的内容也不是老师在上课时所讲的，而是很多课外的知识，比如老师平时在课下发给我们的古诗词、对联，文言实词、文言虚词的一些经典用法，自己平时不认识的字、发不准的音，一些趣味读物，作家的生平介绍、代表作品等，比较杂。空闲时，我就会拿着这个本，反复地翻看，知识点自然而然就记住了。

刚上高一的时候，我在字音字形这方面的知识很欠缺，每次考试的前两道基础题基本没有答对过，于是我就开始进行积累，遇到容易出错的字和音就写到本上，一直记到高三。后来我发现，考试所考的字形和字音都是在一个范围内选择的，它不会在字典里随意地挑选，总结出了规律，我也就没有再在这类基础题上丢过分。

高效锦囊

在学习语文的字音字形时，可以采用意义辨析法。判断一个字的字音或者字形是否正确，通过其意义进行判别更加简单有效，且容易理解。比如"怙恶不悛"，"悛"字是竖心旁，大概就和人的心理有关，而"逡巡"的"逡"，是走之底，根据形旁这两个字就可以很容易地区分开了。

可见，用强读强记这种方法学习语文使 2005 年黑龙江高考理科状元刘诗泽同学考了 138 分的好成绩，非常值得大家借鉴。

3. 多音字语境记忆法

多音字历年来既是高考的一个重要考点，也是同学们感觉比较难以把握的一个方面，看看下面的方法，也许会对你有所启发。

优等生经验谈：易萌，毕业学校：北师大附属第二中学，2005年考入北京大学元培计划实验班。

多音字向来是字音复习乃至整个语文复习中的难点，我就曾长期搞不清"解"与"着"的读音。记忆多音字的规律之一是掌握一个字不同读音时的不同意义。比如"靡"在表示"浪费"时读二声，如"靡费"，在表示"倒下"时读三声，如"萎靡"。又比如"和平"的"和"字，有时候读（货），有时候读（活），有时候又读（河），有时候又读（贺），每一个字音有不同的意思，这样就能比较明白地区分出来了。这种规律能适用于大多数多音字的记忆，但仍有相当一部分特例在此规则之外。比如说最令人头疼的是"着急"的"着"字，有时候它的意思和它的读音关联不是很大。

　　针对学习中的这个难题，北师大第二附中的老师准备了一份"巧记多音字"的复习资料，将一个字的不同读音串在一句话里记忆，效果很好。如"单（dan）位里的单（shun）爷爷经常给我们讲单（chan）于的故事"，把"单"字的三个读音联系语境轻松地记下来；再如"朴（pu）实的朴（piao）大爷拿了一把朴（po）刀"等。再比如"解释"的"解"，它有解（jie）（去声）、解（xie）（去声）、解（jie）（上声）等读音。平时很容易搞混，老师就编了这样一句话"小解（xie），在"解释"中是读（jie），在"解甲归田"中读解（xie），你怎么还解（xie）不明白呢？"一下子就把这个字的所有读音，包括一些俗语的读音都给总结出来了。用这种方法非常好记，不用一个个特别费劲地死记硬背，或者去总结一些常规的字音表。有时间和精力的同学不妨试一试这种方法，可以与同学一同造句，互相启发，也可以请老师帮助整理。

⏳ 高效锦囊

　　在看电视、听广播的时候，大家也可以注意一下多音字的问题。将看到和听到的多音字记录在一个本子上，闲时翻开看看，也有助于对多音字的学习。

看来，语文也像英语一样，在一定的语境中学习更有效。

4. 常用成语词语提前积累法

常用词语和成语的用法是基础知识考察的重点，虽然也属于记忆型题目，不需要太多思维强度与技巧。但切忌不可等到最后复习，要学会打提前量。

优等生经验谈：易萌，毕业学校：北师大附属第二中学，2005年考入北京大学元培计划实验班。

凭我的经验，当同学们随着老师的复习进度开始记忆词语和成语时，大家的记忆力与精力往往因为前一时期高强度记忆字音字形的训练而处于疲劳状态，效率容易下降。一些同学更因为前一阶段的基础没有打牢固而不得不一边上新课一边补旧课，从而使这一部分本来并不十分艰深的知识成为自己的薄弱环节。有鉴于此，对于常用成语和词语的复习最好在复习字音与字形时就适时展开。我在遇见诸如"曲尽其妙"或"用行舍藏"之类的成语时，在了解其关键字的读音时也会同时查出其意义，并注在字音记录表或字形记录表的空白处。这样在复习字音字形时我就已经积累了一批常用词语和成语，到了正式复习词语和成语的时候，即使老师赶进度，我也能相对从容地安排这一阶段的复习了。

与字音字形不同的是，词语，特别是成语题目的解答往往更依靠语感，而非对成语意义的准确掌握。因此在复习成语时不必非要准备详细而周全的记录本，而要依靠平时一字半句的积累与不断做题形成的题感。有时各类考试与参考书中会出现一些生僻艰涩的成语，"误导"大家将注意力转向晦涩的成语上去。但鉴于高考中出现的生僻成语绝大多数都是干扰项，对成语以及词语的复习还是适可而止，回归基础为好。

另外，大家对常见词语、成语的不常用意义要加以注意。易萌同学举例说：

比如高考中曾经糊弄了一片人的"想入非非"，这个词的常用意思是脱离实际的胡思乱想，这是含贬义的；但是它还有一种不太常用的第二种意思，就是奇妙的想象，这是不含贬义的。高考曾经出了一道题，大意就是古埃及人的神话是想入非非的，这是作为其中的一个选项。很多同学都认为它是错的，结果丢了分。又比如"不三不四"，大家都知道是不正派的意思，所以不查词典了，但是它还有一个很不常用的意思是不像样子，比如说这篇文章被改得不三不四的，就是指这篇文章被改得不像样子。如果真出了这么一道题的话，估计很多人都会出错。

⏳ **高效锦囊**

> 准备一个专门的笔记本，在平时的学习中勤查字典、辞典，将一些易错字词、生僻字词记录在案，利用课余饭后的空闲时间多读多记，慢慢积累，养成习惯，在自然而然的状况下掌握它们。

记住，常用成语词语的用法看起来简单，但迷惑性也较大，希望同学们能够提高重视程度。

5. 活学活用文言文

由于文言文所处的时代距离我们太远，不少同学学起来会感到吃力，所以在学习中要注意活学活用，才能驾驭自如。

优等生经验谈：朱师达，毕业学校：湖北省襄樊四中，

2005 年考入北京大学元培计划实验班。

> 高考所选取的文言文虽来自课外，知识点却均出自课内。实词、虚词、句式、古今异义等，知识点零散，但如果善于分类，善于总结，并且活学活用，就一定能够"课内开花课外香"。高中文言文考查的方向主要集中在实词、虚词用法，文言句式，内容理解。在平时的学习中，就要注意分类总结，把课文中所涉及的知识点都记录下来，进行强化记忆。当你读到来自课外的一些文段时，就不会感觉陌生，词的用法都是一样的，联想平日所记的知识就能融会贯通。

文言文的翻译是学生学习的一个难点，近年来的高考也在逐渐加大这方面的分值，下面我们就要介绍一些文言文翻译的技巧。

（1）筛选法

先将古今汉语一致的地方划出来，对译比较容易理解的内容，将与现代汉语无法对译或不需要翻译的地方圈起来，逐步筛选，把完全不懂的地方就突出来了，也就抓住了全文翻译的难点。

（2）推测法

将筛选出来的难点放到原句中去揣测，在人物传记的文章中要了解作者针对的是哪一个人物，哪一桩事件，这样就可根据上下文的语境大致推断出它的基本含义。

（3）协调法

在文章整体内容大致清楚的基础上，还要注意文章前后的协调和语句的通顺流畅。使古文与现代文能保持一致，加深对古文内容的理解。

⧗ 高效锦囊

用虚词为文言文断句：

文言虚词（特别是语气词），往往是该断句的地方。文言文中常见放在句首的发语词有：夫、盖、焉、惟、斯等等；放在句尾的语气词有：也、矣、乎、哉、与（欤）、焉、耶（邪）等等；出现在句中的虚词有：于、为、则、而、以等等。当然，还有些复音虚词（包括一些复句中的关联词）也是我们的好"帮手"。它们大体上都位于一句话的开头，这些词前一般要断句。比如：且夫、若夫、乃夫、已而、至若、于是、虽然、至于、是故、向使、纵使等等。

学习文言文最重要的是不要对它有恐惧心理，只要掌握了方法，你会发现，其实文言文并没有你想象中那么难。

6. 多种方式积累作文材料

对于作文来说，积累材料当然是很重要的，但最重要的莫过于积累材料的方式以及如何利用这些材料了。

优等生经验谈：廖衍杨韬，毕业学校：贵州省凯里一中，2002 年考入北京大学外国语学院。

在我看来，材料不一定要来自书本，它的积累方式可以是多种多样的。比如说我在写作文过程中的很多材料都是听来的。同学之间的闲聊给我提供了很多材料，他们聊天过程中的很多历史史实和名人逸事都成了我写作过程中的重要论据。我还喜欢听歌，听演讲，并把许多歌词和演讲词收入了我的资料库。

下面，廖衍杨韬同学以自己的一篇作文为范例来向大家说明这种方法的有效性：

高二的时候，我参加了中宣部举办的"走向新世纪"作文比赛，并获得了特等奖。在这篇文章中，我把《东方红》和《走进新时代》这两首歌作为整篇文章的主线，从外婆时代传唱一时的歌曲《东方红》谈到当今人们所熟悉的《走进新时代》。在文章中，我大量使用了外婆对于那个时代的描述和歌曲中的歌词作为素材，描绘出了正在走向新时代的中国人民的爱国情怀，以及他们从"翻身得解放"到"走向新时代"的奋斗历程。回想起来，这篇文章从立意到取材，都要归功于我的多听。

不过，廖衍杨韬同学并不是主张只靠"听"来获取作文素材，他说：

当然，我只是认为"听"可以是一种重要的获取资料的来源，而不是贬低"读"和"记"的重要性。事实上，我在多听的同时，也很注意多读。在这方面，我最喜欢的读物就是各种古诗集和一些杂志，我从中受益良多。我经常会把一些优美的句子抄下来，有时甚至会抄写整篇文章。我高中的时候的另一篇获奖文章就是《仰月畅怀》，一看到题目，我就开始浮想联翩，各种资料也开始在大脑中浮现出来。我引用了大量古诗，从李白的"欲上九天揽月"到苏东坡的"月有阴晴圆缺，"从"明月松间照，清泉石上流"到"海上生明月，天涯共此时，"从"嫦娥奔月"到美国宇航员阿姆斯特朗在月球上迈出的那"人类的一大步"。最后我由联想回到了现实，感觉在这月夜是如此宁静，以至于连"石头也有了清爽的呼吸"。这篇文章在我们省的作文大赛中获得了二等奖，并由此激发了我对散文的热爱。

⌛ **高效锦囊**

> 准备一个专门的笔记本，把平时见到的素材都记录下来，这样在写作文时就可以信手拈来，很随意就能找到与话题相吻合的例子。

由此可见，广撒大网才能捕捉到大量的作文素材。

7. 用深度提升作文层次

一篇好作文并不是看你用了多少华丽的辞藻和生动贴切的例子，而是看其有没有思想的深度。

优等生经验谈：陈敏，2005 年山西省理科状元，考入北京大学元培计划实验班。

我以前写作文只是堆砌一些华丽的辞藻和优美的词句，用大段空洞的排比造势，后来发现这种作文得分的偶然性很大，去掉一些浮夸的内容后，真正有思想的东西很少，而思想的深度才是作文的精髓。古人说，腹有诗书气自华。我觉得这里的"诗书"其实并不仅仅是指一些比较华丽的词句，更多还是指思想上的深度。即将面对高考的学生，尚未步入社会，思想不会太深刻，但也绝不是那么简单，我们对人生、对社会肯定都有自己独到的一些见解，关键是如何通过训练在作文中把这些思想表达出来。

那么，怎样训练才有效呢？陈敏同学说：

比如平常很多同学都会作一些摘抄，我作摘抄的时候很注重摘抄一些比较有思想深度的东西。我曾经抄过吉米的一首诗："掉落深井我大声呼喊等待援救，夜深了黯然低头才发现水面满是闪烁的星光，我总在最深的绝望里发现最美的风景。"这些诗句可以说比较简单，但是却表达了一种非常乐观的态度。今年（2005 年）的作文高考题目是《情理之中与意料之外》，作文开头我用的就是这首诗，它很切合这个主题，而且我觉得这首诗本身很有深度，所以我自我感觉良好。

此外，我们还应该多读一些文章，尤其是一些杂文，在放松精神的同时思考一些学习之外的事情，对人生、对社会形成自己的看法。有思想的人不仅下笔会透出一种深度，而且整体语文水平甚至个人气质都会有所不同。

高效锦囊

> 作文在考试中既是得分大户又是失分大户，很多同学拿起笔来不知道该怎么写，写什么。其实平时可以从细处开始练习，先是一两百字的小片断，然后三四百字，最后是八九百字的完整作文，循序渐进，最终拿到题目后就能够快速下笔，能够有话可说，有文可作。

作文是语文考试中分值最大的一块，同学们万万不能忽视了平时的练习。

8. 学习英语要五官并用

在学习别的科目时，大家用得最多的可能是手和耳，但在英语学习中，五官并用才会更有效。

优等生经验谈：康静，毕业学校湖北省武汉外语学校，2005 年湖北文科状元，考入北京大学法律系。

五官并用是我学习英语时最常用的一种方法，我自己觉得非常有效。英语是一种语言，语言运用的最高境界就是四会——听说读写，因此相应的，要耳到口到眼到手到。很多同学在学英语的时候往往只是用了眼睛，或者用了手、用了嘴、用了耳，用了某一个器官，而没有想到在一个单位时间里面，其实可以五官并用，这样的话可以提高自己学习英语的效率。

那么具体是怎么做的呢？康静同学给我们做了具体的说明：

拿到一个有声文本，我一般会进行五遍听音。第一遍进行听音不看文本，第二遍，把自己听到的东西写下来，进行听写。第三遍一边放录音，一边对照文本，看自己所听写的内容和原文本有什么差距，尤其是要注意自己写错的和没有听出来的地方。第四遍一边听文本，一边进行跟读，即看文本、听录音，跟读。第五遍不看文本，听录音，进行跟读。

大家往往觉得，一个录音要听五遍好像很累。其实我们仔细想一想，在学课文的时候，一篇课文听录音加起来又岂止听了五遍，但是在那五遍中间，我们又让课文在脑中留下了什么印象呢？往往效果并不太好。如果按照我说的这个方法做了，真可谓一举多得。大家可以在练习听力的过程中同时练习口语；听写的过程可以发现你听力存在的缺陷，找出自己具体的问题在哪里，然后对症下药，这样能够比较迅速地提高你的听力水平，而且相当于把原来学过的单词又复习了一遍，就不需要专门地进行单词拼写训练；在跟读的过程中间，练习了自己的语音、语调，使自己的发音更趋于完善，跟着课文读也能够使文章的文本在脑中留下比较深刻的印象。

如果每一篇文章都这样做了，或者说，如果你有兴趣再进行第六遍、第七遍、第八遍或者更多的训练，一定会收到比较好的效果。

⌛ 高效锦囊

手眼脑并用，能够增强记忆，促进理解。很多同学看过书后就算了，其实很多书上的一些经典的东西，是要你细细品味的。我们可以在抄写时再仔细地品味书上的这些知识，细细地体味它每一句话每一个词的运用，以及它蕴含的深意。

记住，学英语特别忌讳一个"懒"字，五官并用，才能取得良好的效果。

9. 抓好"听、说、练"三环节

英语是一种交际工具，怎样学好它，要讲究一些门道和方法。

优等生经验谈：黄淳，毕业学校：安徽省淮北一中，2001 年考入北京大学外国语学院。

我认为，学好英语要始终抓住说、听、练三个环节。这三者是相辅相成、不可偏废的。英语是一种交际工具，要学好它，我们的第一要务是在实践中学它、用它。平时多说英语则显得特别重要，这一点往往为不少同学所忽视。在中学学习时，我和几个要好的同学组成了一个小"英语角"，常聚在一起练口语，随着锻炼时间的推移，口语水平都有了明显提高。

上面，黄淳同学谈了"说"，我们再来看看他是如何抓这"听"和"练"这两个环节的。

在"听"这方面，他本着循序渐进、逐步提高的原则，先从 26 个字母听起，接着听《新概念英语》一、二册，听读训练教材《开始听》、《讲故事》等。在听的过程中，不免会遇到生词，他常常把它一带而过，通过联系上下文，常可猜出词义来。同时，他感觉到听力训练不仅能提高听力而且还能丰富课外知识。

吴志明同学还着重介绍了"练"的环节，有些同学说："我在英语上下了很大功夫。课外练习做了很多，可就是学不上去。"这种吃力不讨好的原因往往是做题无的放矢。漫无目的的题海战术其实是一种低效率的学习方法。他不主张搞题海战术，但这并不是说练习就不做了。他认为有选择地做适量习题对我们的英语学习是大有好处的。怎样去选择习题？这就因人而异了。譬如，语音差的同学就应多做些语音方面的题目；对于语音学得好的就不应在这方面多费力气，而应在自己的薄弱环节上多使劲儿，这样才会取得事半功倍的效果。吴志刚就是本着查漏补缺、有的放矢的原则，选择了一些习题。经过练习，他能较全面地掌握英语基础知识要点，阅读理解能力大为加强。

⌛ 高效锦囊

英语的练习也可以准备一个错题本，但你应该对错题进行适当地分类。拿到一道自己的英语错题，你应该对它进行有效的整理和加工，它到底是属于哪一类，是语法类还是日常情景对话类。如果是语法类就还可以细分，是名词、动词，还是介词。这样就不至于陷入混乱中。

记住，学习英语的这三个环节是相辅相成、缺一不可的，不能偏废或放松了任何一个环节。

10. 英语 "周期学习法"

英语的学习和语文一样需要积累，因此也要讲究循序渐进、零存整取。

优等生经验谈： 韩波，2002 年考入北京外国语大学。

英语知识比较零碎，很容易遗忘。同学们也许有这个体会：如果隔两三天不去看英语，再做习题就不那么熟练了。我学习英语的方法是：旦旦而为之。每天为一周期：记忆单词、做单项选择、完形填空或阅读理解，复习一下语法。日积月累，循序渐进，效果就明显了。

下面就以一天为周期谈谈韩波同学是如何学习英语的。

众所周知，单词是组成英语学科体系这座大厦的一砖一瓦，阅读、翻译、作文都离不开单词，所以必须有意识地扩大词汇量。记单词没有必要搞突击，每天保证掌握四五个，隔两天再把以前背的温习一下，这样日积月累，就是一个不小的数目。

仅仅会背单词还是不够的，最终使用的是单词的组合体——篇、章。词的组合必须遵循一定的语法规则。语法的巩固需要每天做一些练习，主要是单项选择题，每天做十几题，时间长了，就可以把大多数语法现象巩固一遍。当然，重要的不在于题目做了多少，而在于真正掌握了多少。

英语试题除单项选择题之外，还有完形填空、阅读理解等。这方面的能力更不是十天半月就能提高的，必须每天花一点时间做一遍完形填空或两篇阅读理解，做完之后与答案对照一下，把锗的小题仔细琢磨琢磨，看看究竟是什么原因导致错误的，是语法概念不清、单词意义不明，还是其他什么原因，这样，才能不断提高阅读能力和逻辑思维能力，最终占领这两个制高点。

⧗ 高效锦囊

> 记忆单词必须讲究一定的方法，这样才能取得事半功倍的效果。因为它是音形、义的结合体，所以最好从这三方面的联系去记，背单词切忌有口无心地机械重复每一个字母，应该多读读整个单词，按照每个音节的发音去联想字母，这样效果会好些。

这样看来，在英语方面我们每天需要做的包括：记忆四五个单词，做十几个单项选择，一篇完形填空或两篇阅读理解，复习一下语法，乍一看好像任务很重，其实并不需要花多长时间，况且也不一定把这些事情集中在每天的某一段时间内完成。

11. 听广播，啃小说

这里所介绍的是两种互相结合的学英语的方法，一是听英语广播，一是读英文原版小说。

优等生经验谈：耿泉 ，毕业学校 ：安徽省灵璧一中，2005 年高考状元 ，考入清华大学电子信息科学系。

坚持收听英语广播练习听力是我学习英语的一个好方法。每天早晨六点我都准时收听 VOA——美国之音（15.40MHz），这样既训练了我的听力，又提高了我对英语学习的兴趣，同时还可以了解国内外发生的大事。

除了以上三种方法外，要学好英语，还要通过课外阅读增加阅读量。我平常主要阅读一些英语原版小说和报刊，像 *Crazy English*、*English Square*、*21 Century* 都是很好的课外英文读物。经常阅读这些报刊，不仅能提高阅读能力，增加词汇量，更重要的是可以培养英语学习的兴趣。

其实，能够坚持这样做下去并不是一件容易的事。耿泉同学说：

一开始，我总是什么都听不懂，这时候，我就把收音机开着，作一些不太动脑筋的作业，看上去没有用，其实也是在这个过程中创造了一个英语氛围。久而久之，适应以后，我现在听到英语后反应比较快，基本上可以马上理解所听英文的意思。

还有，我至今仍记得第一次开始读长篇原文小说时，满张纸都是生单词。后来，我渐渐发现，其实根本不必一个个去查每个单词的意思，有些词在上下文中一对比，意思自现。这样，我用了三个月"读"完了那本小说。读完后，不仅扩充了词汇量，还语感大增。以上所提的一些课外拓展学习的作法都使我受益匪浅，也是我在同龄人中英语学习占先的功臣。

⌛ 高效锦囊

> 要学习英语看作是随时随地的事。比如，走在街头时，多注意一些英文招牌，留意其中不懂的词，回去记下。长期下来，通过这种方式就能积累不少词汇。除此之外，平时，多接触到英文音乐，电影，其中的歌词和对白都是有助于积累词汇量的。在反复地听中英文歌曲和英文对白的过程中，很多单词和句型就深深刻入了脑子中，用的时候也很容易脱口而出。

可以说，不自己主动去听、去看，而只靠上课、做题，是不可能学好英语的。

12. 避免写作中的"中国式英语"

很多同学在英语学习中会发现一个很奇怪的现象，自己的单词量已经很丰富了，语法项目也学得很扎实了，可就是写不出好的作文来。这是什么原因造成的呢？

优等生经验谈：程相源，毕业学校：黑龙江省佳木斯一中，2005 年考入北京大学光华管理学院。

写作中出现"中国式英语"的现象，我觉得很可能是因为他们在写作时不自觉地用汉语思维模式套用英语语法，所以他们写出来的语言没有什么语法错误，但用正常的英语思维却很难理解。比如在学习定语从句时，汉语一般把定语、修饰语放在中心词前面，有时候也可以放在后面，但是英语定语从句就不存在这个问题，它基本上都是把修饰语放在中心词的后面。对这种跟我们平时的说话习惯相冲突的英语语言习惯，我们平常就应该特别注意，避免"中国式英语"。针对以上问题我主要使用课文分析法予以避免，我建议同学们也可以一试。

这个方法的要点是，仔细分析教科书中所选的课文，揣摩它们的行文思路、段落衔接、句子结构，使自己对英语文章的写作手法大体有一个感知。当然不需要对每一篇课文都如此细心去揣摩，关键是要找到那些能代表一类文章体裁的课文并进行分析，以后如果又遇到同一体裁不同格式、不同风格的文章，还可以分析对比各种风格之间的优劣。

比如我们非常熟悉的高二上册英语课本第一单元的一篇课文 *No Smoking Please*。先看一下这篇课文中的这样两个句子 "Every year millions of smokers die because of illnesses which are caused by smoking tobacco（每年成百上千万的吸烟者死于由吸烟引起的疾病）"，"Every year tobacco companies must persuade new people to start smoking cigarettes（每年香烟公司都一定要说服一些新人加入吸烟者的队伍）"，同样在这篇课文中还有以 each day 开头的句子。这种句式的特点是把本来可以放在句子中的频率副词短语，放在了句首。这样做一方面是对 every year, each day 的强调，另一方面又使语言体现出一定的灵活性。我们在写作文的时候，就可以借鉴这一点，把 frequently, offen, always, every year, each day 这样的频率副词或短语，有意提到句首，提高作文句式的灵活性。

⏳ **高效锦囊**

> 在分析课文的过程中，遇到一些有用的句式或语法知识点，可以用色笔标注出来。像短语 what's worse 表示上下文衔接，是体现一种逻辑关系的短语，对写作非常有用，就可以用色笔标注出来，以便复习掌握。

因此，只要大家在学习课文时能多留心、多注意，就一定能发现很多有用的英语知识，一旦你能把这些知识熟练地应用到作文写作中去，就一定能写出好作文。

13. 学文科也要用"演算纸"

大家都知道，学理科要有"演算纸"。学史地怎么也有"演算纸"？都"演算"些什么内容呢？

优等生经验谈：秦斐，2002 年考入北京大学经济学院。

我复习历史、政治时，身边总是搁一摞白纸，遇到重点或较繁杂的重点内容，随时在纸上以列表或提纲的形式理一下思路。把这些单张的纸保存下来，隔段时间就翻一翻，几次下来可以攻克不少薄弱环节。

秦斐同学的这种学习方法不妨就称为"史地'演算纸'学习法"。其要点有如下几点：

（1）在复习历史、政治等文科课程时，也如同学习数学、物理等理科课程时一样，在手边准备一摞演算纸。

（2）遇到重点、难点、考点，在演算纸上以提纲等多种形式将要点写下来。

（3）参照教材等，给自己写下的内容打一个分，看漏了什么没有，错了什么没有，并将正确答案写在边上。

（4）将这些"演算纸"保存起来，并加以整理，考试前或自己认为需要时拿出来翻一翻。

我们认为，史地"演算纸"学习法，是一个很有创意，很见实效的学习方法。这具体表现在如下几点上：

第一，"演算"的过程就是重温重点的过程。而这种复习，一般讲比在脑子里默想更见效。因为"最淡的墨水也胜过最强的记忆"。

第二，"演算"的过程又往往是化繁为简的过程，因为写时不可能逐字逐句地写，只会写要点，久而久之，就会越来越知道该写什么，不写什么。

第三，"演算"的过程也是一个便于静下心来的过程。大家或许都会有这样的经验，光用脑子想，有时容易走神。而用笔逐条写时，注意力相对容易集中。

高效锦囊

> 其实，"演算"的过程也是熟悉相关一些较难写，或不太常用的字、词的过程。几乎每次高考都有学生提笔忘字。例如有一年一个学生怎么也想不起来孟良崮的崮字怎么写，还有一年一个很优秀的学生居然连缅甸的"甸"字都写不出来。过去常用"紧张"来解释这一现象。现在看来，写的太少也当为原因之一。

由此可见，文科的学习不仅仅是记记背背那么简单。

14. 用学理科的方法去学历史

这里要介绍的是，在学习历史时，不要死记硬背，可以采用一些理科的学习方法来试试。

优等生经验谈：王维辉，毕业学校：河南省实验中学，考入厦门大学。

我是从理科班转入文科班的，常常自觉不自觉地把学习理科的一些思维方法带入了文科学习。如用学理科的一些方法如公式、加减、量化等方法，来学习历史。开始还担心这样做是不是"不适合"

文科学习，时间长了，我发现恰恰相反，这些方法

是非常有助于搞好文科学习的。

下面，我们就通过两个例子来看看王维辉同学是如何用理科的方法来学历史的。

例一，公式记忆法。

（1）事件＝时间＋地点＋经过＋后果＋影响。

（2）人物＝时代（国名）＋职务＋作为＋评价。

（3）作品＝时间＋作者＋内容＋意义。

（4）会议＝时间＋地点＋人员＋内容＋作用。

（5）条约＝时间＋地点＋签订双方＋内容＋影响。

（6）改革＝时间＋改革人＋内容＋意义。

（7）战役＝时间＋作战双方＋经过＋后果。

例二，加减记忆法。

如第二次世界大战的经过，可记：

经过＝四次突然袭击（突然袭击波兰、丹麦和挪威、苏联和珍珠港）＋六次主要战役（莫斯科、斯大林格勒、库尔斯克、攻克柏林、不列颠空战、中途岛海战。）＋四次重要会议（开罗、德黑兰、雅尔塔、波茨坦。）＋三次登陆（北非、西西里、诺曼底）＋反法西斯统一战线＋各国反法西斯斗争。这就是第二次世界大战的全部历史事件。

如记美国总统罗斯福政绩，可以从上公式中减去波茨坦会议，再减去不列颠空战：政绩＝反法西斯统一战线十中途岛海战＋三次登陆十三次会议＋罗斯福新政。

⏳ **高效锦囊**

> 理科的学习方法，一是要学会高度概括，如上述公式法；二是要学会明确表述，如上述加减法。而这不正好可以弥补文科"一大片"、"不好记"、"不明确"等弱点吗？

看来，文、理科的学习方法，理应是互补的、互相促进的。

15. 分段浓缩学历史

在临近考试的时候，这种分段浓缩的方法对学习历史很有效。

优等生经验谈：易萌，毕业学校：北师大附属第二中学，2005年考入北京大学元培计划实验班。

在学习历史的过程中，我慢慢地摸索出了分段浓缩记忆法。这个方法可能有点儿土，有点儿上不了"台面",但真的非常有用。我的办法是将历史书浓缩成一个个的要素来背,即将一段段文字分解成背景(远因)、近因、进程(事件)、内容(措施)、影响等历史因素。因为历史一般是一个连续的过程,往往前一件事情的影响或者结果就是后一件事情的远因或导火线,这样就把历史真正连成一条线了,就会省很多的力气,又更有条理一些。

下面,易萌同学为我们做了具体的举例说明:

比如说隋唐科举制度的影响就可以浓缩成打破垄断、提高素质、加强集权和扩大基础这16个字。打破的是世家大族对官吏选拔的垄断,提高了官员文化素质。为什么会加强集权呢?是因为选拔官吏的权利收归中央了。为什么能扩大统治基础呢?是因为庶族地主参与了政权,所以中小地主也可以成为封建统治阶级的一分子,使统治基础更加巩固。最终这四点可以归为巩固了封建制度。

在这种浓缩的过程中,我们会慢慢总结出规律,每一类历史事件的影响和意义都有套路可循。通过分段记忆和浓缩记忆,既可以提高背书的效率,又能减轻记忆的负担。

⌛ **高效锦囊**

> 不要在高考复习中幻想有一条能代替反复背书的捷径。惟一的办法就是抓住"三上"（马上、枕上、厕上），多看多背多总结。

记住，当你按照以上方法将五本历史书背了七遍之后，历史也就不再烦难枯燥了。

16. 放眼天下，回归课本

学习政治，最关键的一点就是要会运用课本上的知识来分析时事热点。

优等生经验谈：徐语婧，2005 年浙江省文科状元，考入北京大学元培计划实验班。

首先说放眼天下。因为政治是时效性很强的科目，它的考试范围肯定会联系到当前一些时政要闻、社会热点。现在不是提倡素质教育吗，这也要求我们关心国家大事，不光是埋头苦读。了解时事的途径非常多，比如看新闻联播，阅读报纸，看

《半月谈》及其他一些报刊文摘等。

然后说回归课本。光知道时事背景是不够的，仍然无法达到高考"学以致用"的要求。因为高考毕竟还是运用课本知识来分析时事热点，所以掌握课本知识是基础。

那么，如何掌握课本，把政治理论与社会时事相结合呢？徐语婧同学说：

我觉得掌握课本知识可以通过细化和概括这两步来进行。先得把课本知识学细了，把一个大的知识点分成非常小的知识点。比方说今年（2005 年）高考的三农问题吧，三农问题是一个大的问题，它可以分成农民、农村、农业三个问题。比方说农民增收的问题，就涉及农民的收入现状、农民增收的途径、存在的一些问题等各种各样的小问题。我们要做的就是把这些小问题一个一个地落实好。

在此基础上还得学会概括，就是要把课本知识概括起来，形成一个网络、一个系统。比方说政治常识就可以分成三块来学——关于国家的知识点、政党的知识点、国际关系与外交方面的知识点。这样就非常清楚自己学了哪些东西，书本上有哪些知识。考试的时候，你就可以马上把相关知识点找出来，其他的就撇开不管了，这样可以提高答题的效率。

最重要的是，考试的时候要把社会热点和课本知识联系起来。比方说今年考的这道三农问题放在你面前，那么首先你就把"三农"这方面的知识点搬出来。它考的是农民增收，那你就想想看，课本上涉及农民增收的有哪些知识点，把它们答上去之后，再看看能不能联系到一些热点的东西，比方说和谐社会、以人为本，这些东西写上去都是亮点，肯定得分，而且老师会对你的印象特别好，觉得你不是死读书。

⏳ 高效锦囊

> 在阅读报纸时，我们不仅仅只注意上面的评论，可以根据所学的政治原理进行总结分析，也可以与报纸上的内容进行比较。一段时间下来，综合分析判断能力必然会有很大的提高。

掌握了这种方法，相信你在学习政治方面会轻松许多。

17."把书读乱"学习法

在学习的时候，一般都提倡条理化、系统化，但在政治这门课上，却有人提出了"把书读乱"的学习方法，而且还取得了不错的效果。

优等生经验谈：刘萌，毕业学校：北师大附属第二中学，2005 年考入北京大学元培计划实验班。

在完成第一轮复习之后，许多同学觉得自己的基础知识掌握得还可以，但在答主观题时却很难得到高分，这也是文综题的一个瓶颈。这是因为在重视基础的同时没有重视知识跨章节甚至跨课本的整理。我在老师的指导下采取了"把书读乱"的方法，即按照主题整理某个知识点的线索，并与考试常用材料和问题的类型对应整理。

在考试时，并非把基础知识答得特别熟就能拿到主观题的高分，而是要形成一个知识的框架。高考出题的时候往往不是按照简单的基础知识点来出题的，而是根据热点问题出题的。所以我们也可以按照高考的思路，按照主题，把所有与之相关的知识点都列出来，形成一个框架。

比如说面对假冒伪劣商品，或者整顿市场秩序这一类问题的时候，我们就可以用经济常识课第一课中的使用价值和价值的关系这条线来答，也可以用第二课中市场调节的缺陷，需要宏观调控，宏观调控有三种手段这条线来答，还可以用第七课中的市场交易原则和消费者权益来阐述打击假冒伪劣商品和整顿商品市场秩序的必要性。所以，答题的时候要遵循要点，用理论说明，最好能够紧扣要点顺序，分条论证。这样答题就特别清晰，容易得到分数了。

⌛ **高效锦囊**

> 对于政治来说，在初见题目时就进行思考，从哪几个方面论述、有什么要点值得注意、可以与哪些知识点相结合，等等。如果时间充裕。我们最好能够在稿纸上列个提纲，再进行回答，毕竟，有条理的回答会令判卷老师的好印象增加几分！

由此可见，这种方法就是打乱了知识在书中的原有位置，从而建立起新的知识体系，更好地适应了高考对政治主观答题的要求。这就是所谓把书读乱，但是把书读乱是为了让主题更清晰。

第8章　提升理科的学习技能

　　理科的学习是由浅入深，由表及里，由低级向高级发展的，所以要充分掌握基础的概念，才能进行运算。而数理运算是数理能力的基础，专业技术只有在这个基础上才可以发展起来。没有基础学科的成果，就不可能有应用科学的大力发展。

　　因此，理科学习既需要理解，也需要动手．许多专业的课程都需要通过实验、操作运算、制图等来完成。因此，不仅要学习课本上的理论知识，还要通过实验、实践等技能性课程的训练。

1. 从理解概念开始

理科中的概念、定理单单记住是远远不够的，重要的是要理解。

优等生经验谈：曾文蓉，毕业学校：贵州省德芬中学，2002年高考状元，考入北京大学。

在学数学时，很多时候，我会为了一道题的答案百思不得其解，因为在整个解题的过程当中，每一个步骤都没有什么错误，但就是最后的结论不对。特别是一些立体几何题目，一直检查到最后才发现，还是在最初的概念的理解上出现了偏差。这样的失误浪费了大量的宝贵时间，而且使得自己在焦头烂额的思考中灰心丧气，可实际上犯下的只是一个低级失误。所以，我在自己平时的数学学习中非常重视对概念的理解。

曾文蓉同学对概念的理解共包括下面三个阶段：

（1）机械抄写

所谓"机械的抄写"，是为了在抄写的过程中强化自己对概念的熟悉，这样有利于对下一步的思考。然后再"自己证明"，这会进一步增强自己对概念或者定理的信任度，那时自己在心里会想道：这个概念的含义果然很完美，或这个定理果然很有用。这样，在解题的时候你就会乐于用它，同时自己在证明的过程中还会发现一些问题，对课本上的东西进行一些补充，也有助于对问题的理解。

（2）做题运用

这个阶段很关键，做题的过程是一个检验自己的过程，同时也是一个重新学习的过程，一般的知识掌握都会通过做题这个阶段来完成。

（3）总结检查

做题的目的不是为了完成任务，不是为了做完，而是为了做会。因此，做完题目以后一定要认真总结，对于已经熟练掌握的知识点要心中有数，以后在复习的过程中就不要在这些方面花费太多的时间和精力了。

⏳ 高效锦囊

> 在学习数学的时候，对于概念、公式、定理，要知其然更知其所以然：它是如何推理出来的，可以用来证明什么，与其他概念、公式、定理有何联系等等。

记住，理科的学习应该从理解概念开始。

2. 弄清课本一共有几章

对于那些虽然很努力但数学成绩却一直上不去的同学来说，提高成绩并不能一味地靠做题，要先把课本中的知识点先搞清楚。

优等生经验谈：赵静，2001 年考入南京大学国际贸易系。

数学，从初一起就是我的老大难，中考时就让我吃过大亏，可无奈我对那一堆枯燥的数字和字母颠来倒去的计算实在缺乏激情，所以高中以后成绩仍未见起色。后来，只好厚着脸皮去请教数学老师。她第一个问题就问得我哑口无言——从高一到高三数学书共有几册，每册又分哪几章？看到我一脸尴尬，她笑着指出我的毛病：只会就题论题，不明白书本体系则不能融会贯通，不会归纳题型则无法举一反三。我若有所悟。

在老师的指导下，赵静决定首先回归书本和笔记，把各章要点和基本题型列成提纲，反复琢磨。也不像以前那样乱做题，而是拿到一题先分析题干，划出关键字词和条件，辨别它考了哪几个知识点，再想需要用什么思想方法来解决。

显然，这位高明的老师教给赵静同学的办法是：

第一步：弄清高中三年共有几册数学教科书？每册书有几章？每章又主要讲什么。这个问题弄清楚了，实际上高中数学的知识框架就基本清楚了。

第二步：每一章有些什么基本题型。

第三步：将知识框架和基本题型列成提纲，反复地看。

第四步：通过做题，熟悉并补充上述提纲。

⏳ **高效锦囊**

> 　　如果你也和赵静同学的情况一样，就先别做题了，而是找出教科书，自己理一理书上共有几章，每章的基本定义、公式是什么……

记住，数学差就差在基础，基础不好，做再多的题也是无用。

3. "重、精、巧"法读数学

既然数学要立足课本，那么怎么读才有效呢？

优等生经验谈：尹铮，毕业学校：四川省宜宾一中，考入北京大学信息科学技术学院。

　　高中的时候，我们的数学老师告诉我们，数学也要重视读。但这个读与语文、政治等科目还有区别，主要是要落实"重、精、巧"这三个字。老师解释说，所谓"重""精""巧"，是指在学习数学时，对例题要重读，对概念要精读，对要点要巧读。我也确实从这三个字中受益匪浅。

下面，我们就具体来看看如何运用"重、精、巧"来读数学：

（1）例题要重读

教材中的例题，是学习如何运用概念、定理、公式的最一般示范。在阅读时，一定要将例题作为重点。读数学书与读其他书有一个不一样的地方，就是一定要边看边算。阅读例题时也不妨如此，先不忙看演算过程，可以自己试着先算算，算不出来，再看解答。这对提高解题能力是大有益处的。

（2）概念要精读

正确理解和使用概念，是学好数学的前提。阅读概念时一定要一字一句地仔细阅读，把每一个字、每一个词都弄明白。精读的精字，可以从两层意思来理解：一是阅读的时候要精细，要非常认真仔细；二是总结的时候要精炼，不能啰啰嗦嗦。

（3）要点应巧读

所谓巧读，包括以下两层意思。

第一，学会点、划、批、问。把关键的地方都"点"出来，把重点、公式和结论都"划"出来，把自己的理解、质疑和心得等用三言两语"批"出来，把没弄懂的地方都用问号"问"出来。

第二，跳出障碍，先看下去。对一时看不懂的地方，不妨先跳过去，或许读过后来的叙述，前面不懂的也就懂了。

⏳ 高效锦囊

在读数学时，要不同的书比较着看。某一处不太明白，不妨看看别的参考书是怎么说的。各书的叙述语言有深有浅，叙述角度有正有反，有时这么对比着一看，往往也就明白了七八分。

可以说，掌握了这三个字，你就掌握了读数学的诀窍。

4. 抓住关键，各个击破

数学的各个知识点之间有着非常紧密的联系，如果能够抓住其中的一个主要知识点，然后各个击破，学起数学来就会感觉轻松的多了。

优等生经验谈：罗远航，毕业学校：贵州省兴义一中，2005年考入清华大学。

数学是我掌握得比较薄弱的学科，在学习过程中，老师教给我一个抓住关键，各个击破的方法。高中数学主要有三条脉络，其中一条主要的脉络就是函数，它与三角、向量、解析几何、立体几何、概率等都有着紧密的联系，当你把这条线全部串起来后，函数的核心内容也就抓住了。完成了这项工作就可以有针对性地对自己薄弱的知识板块进行各个击破了。

下面，罗远航同学举例说明了这个方法的作用：

比如，解析几何和函数是我比较薄弱的环节，而这两块结合又很紧密，所以在做解析几何题目的时候，我就会注意用函数的思维方法来解题，摸索出了一条比较常规的思路。在考试中应用这种常规的思路是可以节约很多时间的。

再比如，在做直线与圆锥曲线的位置关系这类题目时，很多同学都会通过画图来找到它们之间定性的关系，然后再通过一些巧妙的解法，如交半径等，得出答案。其实在你思考这种创新思路的时候，就已经花去了很多的时间，而我用最原始的办法，即方程组法同样可以快速地求出圆锥曲线和直线的焦点、坐标，以及位置关系，虽然计算量比较大，但宝贵的时间也节约下来了。

🕐 高效锦囊

> 当你拿到一道比较复杂的数学题时，先不要急着去做，应该反复读题，然后用图表、曲线或者用其他可以表示数量关系的方法理清脉络，使之一目了然。比如，逻辑推理题多用图表法，含二次函数的应用题用曲线法，等等。有些题目步骤较繁琐，可以列表，再按照表中的相同量进行演算，自然会"水落石出"。至于普遍令人头痛的几何图形如何添线，那就应该分析得出结论所应通过的种种渠道，一步步地加以推理。

学数学同做别的任何事一样，只要抓住关键点，就能够轻松地将问题各个击破。

5. 构建数学的知识网络

这里所介绍的知识点网络法，是学习数学的一个重要学习方法，非常值得同学们借鉴。

优等生经验谈：孙田宇，毕业学校：吉林省东北师大附中，2005年考入北京大学光华管理学院。

学数学有一个非常重要的方法，叫作知识网络法，就是把每章的知识、每个单元的知识形成网络，包括知识点的一些结合方式、综合题的考查题型、基本题型等。通过这个网络，每个知识点都不会落过。而且对你解决综合题特别有帮助，能帮助你以一个全局的观念来看待每一个单元的每一个知识点。在数学考试中，综合题一般都是知识点的复合，每个知识点都不是很难，但是结合到一起，大多数同学就不会了。

一般来讲，数学涉及4～5个知识点，可以形成一道高考考卷中位于21和22题那个位置的难题。解这类题，首先需要把它相对比较抽象的文字语言转化为数学的符号语言，然后找到一些解题的方法技巧，比如换元法、设参数（设参数的话要注意一下参数的范围），再通过一些数学的运算方式，化简消元，求出参数值，最后得出结果。

比如说有一道比较难的综合题目，我就把它分成五步来解答。第一步，根据它是正方形，可以很轻松地写出它的中点坐标，这就是标点法的应用；第二步，根据它已知的一些特征，可以把外接圆的方程写出来，这也是老师补充的知识点；第三步，把外接圆方程经过一些化简，得到一个相对简化的方程；第四步，根据这个简化的方程，和另外一个由已知推导出来的方程，你可以把这个点解出来。由已知的这些点，可以把最后所要求的直线方程写出来，这样这道题就解决了。

⏳ 高效锦囊

在平时做题时，如果遇到解答中出现困难的题目，就将与这道题目有关的解题方法和所考查的知识点在题目的旁边列出来，然后在本子上总结出来。这样经过一段时间的训练，在考试的时候看到题目就能联想到有关的知识点，并迅速找到相应的解题方法。使用这种方法一方面可以提高解题速度，为考生节约不少时间，另一方面做题的正确率很高，提高了解题命中率。

这种方法是高考状元孙田宇的高贵经验，非常有效，同学们可以试着实践一下。

6. "进货、盘货、退货"学习法

这是从商店的日常经营中总结出来的一种学习物理的方法，比较新颖。

优等生经验谈：白冰，考入北京理工大学。

我学物理时做了大量的习题，取得了一定的成绩。但总觉得，与下的功夫相比，取得的这点成绩太不值得。看来，还是学习方法有待改进。我的父亲在百货公司做部门经理，所以从小就听他一天到晚念叨"进货"、"盘货"、"退货"什么的。一天，当我又在苦思冥想有什么好的学习方法时，父亲又念叨上了。我听了不由心中一动：对呀！对货物要进行进货、退货等方面的管理，对习题，是不是也应该加强管理呢？顺着这个思路琢磨起来，经过一段时间的摸索，我终于形成了自己的一套习题管理方法。

具体来说，这种"进货"、"盘货"、"退货"学习法的要点是：

（1）"进货"要有登记。每天都做了什么题，要有记录。例如：物理课本×册×页习题10道：《中学物理习题精选》

第××页10道；课堂上考试卷子，计22道。

（2）定期要有"盘货"。学完某一部分（或以每月、每学期为限），对做过多少题要进行"盘点"实际上就是每天"进货"登记的简单相加。如学完力学，计做课本上题××道，教辅书上习题××道，考卷上的题××道。共计×××道当然，也可以进行简单的"数据分析"，如这些题中，按题型分，选择题若干道，计算题若干道

（3）缺损要"退货"。所谓"缺损"，有两层意思，一是客观上的，这题出得不好，没什么意思，不做也罢。如《高中学物理习题精选》第××页至××页共××道题未做．即可视为"退货"；二是主观上的，这题不会做，或做错了，等于把知识又退给老师了，则也可视为"退货"。应记录下来，都有哪些题属此种"退货"。由此又可引出"添货"，即自己在某一方面主观性"退货"过多，则应相应"添货"，再找些题来做。

⏳ **高效锦囊**

> 这种方法虽然是白冰同学从学物理中总结出来的，但同样适用于数学、化学等做题量比较大的科目当中，一样可以收到类似的效果。

白冰同学说，经过这么一管理，做过什么，该做什么，心中有数了真的做到了"忙而不乱"。后来她索性拿来些爸爸单位作废的进货表、盘货统计表，稍加改动，即可为己所用。

7. 从易混淆处突破

要学好物理这门功课，以其中易混淆的问题为"突破口"是个不错的办法。

优等生经验谈：卢春鹏，毕业学校：江苏省海安高中，考入清华大学。

中学各门功课都会有一些易混淆的知识，但物理这门功课的易混淆之处又具有一些自身的特点：

其一，反复性。有的学科，虽说也有一些易混淆的知识，但一般不致反复地犯。如英语单词，语文的错别字等，犯过一次，一般也就记住了，不至于再犯。可物理中的一些易混淆之处，不知怎么回事，犯了又犯，具有反复性。其二，顽固性。如果说反复性是从"时间"这个角度讲的，那么

"顽固性"就是从"深度"这个角度讲的。物理一些易混淆之处，并不在一些表面的知识，背一背、记一记就可解决，而是源于一些深层次的理解。

其三，广泛性。从"空间"角度看，物理中易混淆的地方几乎涵盖了中学物理的方方面面，各处都有。

卢春鹏同学的具体做法是：

（1）将每一个易混淆的物理知识记录下来。注意每一个问题一张纸，不要将两个问题记在一同一张纸上。

（2）将易混淆的知识、相关的考题，以及解决方法、心得等，写在相应的易混淆问题下。注意，概念不必抄写，写下课本页数即可。考题可复印，或也可只给出页数。

下面看一个具体的例子：

例一，左右手定则

△定则见课本第 × 册第 ×× 页。

△相关考题一，见期中考卷选择题第 × 道。

△相关考题二，见《物理题精选 1000 道》第 ×× 页。

△解决方案："电"字的一弯向右，"力"学的一撇向左。由此可记住："求力用左手，求电用右手"。即已知电流求力的方向用左手，已知速度求电流方向用右手。

⌛ **高效锦囊**

> 既然物理学中的易混淆之处又易反复又很顽固又很多见，那么要解决这一问题也就别指望速战速决，而应有打"持久战"的准备。

的确如卢春鹏同学所言，物理学中那些易混淆之处，比起别的学科来，更难解决。而恰恰是这些地方，又是命题者爱做文章之处。因此以此为突破点学习物理，是符合学习的规律的，也是易于取得成果的。

8. 培养物理的"感觉"

物理知识并不仅仅局限于死板的书本，而是渗透在生活的各个方面，并且在生活中运用也极其频繁。因此在学习物理的过程中要多注意观察生活，培养物理的"感觉"。

优等生经验谈：李博萌 2002 年广东省理科高考状元 考入清华大学数学学院

观察生活、注重积累是学好物理的基础。物理中有许多过程是生活中常见的，例如车辆启动时人往后倒，抛掷物体在空中的飞行，电线的粗细与允许通过电流之间的关系等等。只要我们留心观察，物理现象和物理过程每时每刻都发生在我们的身边。我们要时刻留心将课堂中学到的知识与生活中的现象进行对比，加深认识，慢慢地就能培养出所谓的"感觉"。

当然，学好物理仅凭感觉是不行的，李博萌同学认为，学好物理，还要在深厚的数学功底的基础上，抓住正确的解题步骤这个关键。

（1）良好的数学功底是学好物理的保障。在物理的解题过程中需要不少的运算，所以计算准确是基本功。数学课中所学到的知识在物理中也有广泛的应用，例如三角函数可应用于矢量的叠加和分析。我参加高考时就有一道物理题用到了数学中数列以及极限的知识，这也可以看作物理命题注重与数学交叉的信号吧！

（2）正确的解题步骤是学好物理的关键。有不少同学喜欢拿到题后立即根据题中的点滴信息进行计算，然而我认为这并不是好办法。我主张不立即动笔，而是静下来把整个过程在脑海中虚拟实现一下，然后再根据题目得知有哪几个过程存在未知量，需要计算，这些计算又是基于什么知识点。我们平时学习掌握知识的顺序正好与这些相反，如果能顺利实现这个逆过程，那么解题应该是没有问题的。

⌛ 高效锦囊

在物理学习中，应在掌握各个基本知识点的基础上多做些综合性的大题。这种题目往往涉及到几个知识点和它们之间的衔接。如果能够顺利解决，说明这几个知识点都已掌握，如果不能在脑海中想象出全过程，则应尽快与同学探讨或者向老师询问。做大题的好处在于能将各个知识点连接成网，这对于应考是极有用的。

由此可见，培养物理的"感觉"、具备良好的数学功底、重视解题的具体步骤正是学好物理的三大法宝。

9. 既要有题型，又要有典型

学物理有一个特点，就是不光是要有题型，心中还要有典型。

优等生经验谈：陈步明，1998年考入复旦大学。

学习物理，不仅要关注题型，还要关注典型。

因为，一条道理是从大量事物中抽象出来，又必然可以解释大量的现象和应用于大量事例中。学习的时候不可能、也没有必要去分析、记住大量事例，因而要抓典型事例。课本上列举的事例一般都比较典型，但是，由于各人的环境、经历不同，可以自己再找出更为典型的事例以加深对知识的理解，又能锻炼自己分析问题的能力，还有助加强记忆。

那么，应该如何去找典型呢？

（1）重要结论的典型。在物理学中，除了概念和定律外，往往还有许多重要结论，有时容易忘记。我们记住一些典型事例可以加深印象。

①卫星运行轨道参数（周期、半径、速度等）与卫星质量无关。同步卫星就是典型。在这个轨道上，已经有近百个卫星运行，其质量不尽相同。

②当外电路电阻与电源内电阻相等时，电源有最大输出功率。扩音机扬声器的阻抗匹配就是典型。

③物体的重心不一定在物体上。圆环就是典型。

（2）重要现象的典型。在物理学中研究了许多现象，记住典型现象可以加深对物理实质的理解。

①蒸发致冷现象：在皮肤上擦酒精感到凉快就是典型。

②空吸现象：喷雾器就是典型。

③光的色散现象：虹、霓就是典型。

（3）历史事实典型。知道一些典型的历史事实会造成很深的印象。例如大家熟知的阿基米德为了检验王冠是不是纯金而在洗澡时受到启发，最后导致发现阿基米德定律的故事就十分典型。

（4）仪器、设备的典型。任何一件仪器和设备都是人们按照自然规律设计，为人们服务的。如果我们选择一些我们能看得见、摸得着的设备、器材进行一番分析，甚至亲自做些实验，收效会很大。例如照相机是凸透镜成像的典型。我们骑的自行车是力学、热学知识应用的典型。

高效锦囊

具备下列条件之一者均可选为典型:(1)常用；（2）易记；（3）简单；（4）印象深刻；（5）绝无仅有。

由此可见，只有把物和理结合起来才能真正把物理学好、学活。陈步明同学说学物理不仅要有题型，还要有典型，算是抓住物理这门课的特点了。

10. 形成"化学头脑"

这里要强调是，学习化学，重要的是要培养化学思维，形成"化学头脑"。

优等生经验谈：张乐天，2002 年考入清华大学。

学好化学不仅仅在于会解题，能得高分，更重要的是一种化学思维的培养，或者说是一颗"化学头脑"的形成。所以，在课本教材范围或资料中，可浏览一些介绍化学新领域和新动态的报刊，通俗易懂的化学论文，甚至是一些大学教材。这不仅开阔眼界，拓展知识面，还有利于参加各类化学竞赛，同时对目前各类考试流行的新题型—信息题的解答也会有所帮助。

为什么学习化学的关键是要形成"化学头脑"呢？张乐天同学说：

在我看来，高中化学是一门兼有文理科性质的课程。说它有文科特点，是因为化学不像物理那样有一套十分简洁并具有数学美感的完整的公式体系，而是有许多零星的知识点分散在各处。特别是在元素化学和有机化学中，有许多元素或物质特性无规律或公式可循，必须在理解的基础上背熟。

当然，其理科的一面是在于运用原理和公式解释现象或做出定量分析判断。这就决定了学好化学的一条重要策略是：除了对概念理论的理解和掌握运用外，更要做个有心人，留意散落的零星知识点，并能学以致用，在新的环境中运用已学的知识。

归纳零星知识点的办法也很多。各类报纸和期刊上常有这类小文章，如各类气体的溶解度、原子分子结构中一些原理结论的反导以及化学实验装置顺序等等。另外，老师上课的归纳和自己在平时看书做题时的总结也能使你得益匪浅。

⌛ 高效锦囊

> 推断题是高中化学学习的一个非常重要的方面，它涉及各种元素化合物之间的联系，将许多章节的内容融合在一起。所以在平时的化学学习中，一定要构建一个知识网络，用元素将各种各样的反应和化合物连接起来，这样由一个知识点就可以联想到多个相关知识点。

由此可见，如果能形成一颗"化学头脑"，自然学习起来就事半功倍了。

11. 由一般到特殊

这是一种巧妙学习化学的方法，能帮助你牢牢地记住化学中的各个知识点。

优等生经验谈：张振，毕业学校：山东省枣庄八中，2005 年高考状元，考入清华大学数理基础科学专业。

我个人认为化学是个文科类的学科，因为其关键在"背"。说到底就是要你把各种物质的特性、它和别的物质的反应现象都记清楚。上百个反应方程式，必须做到熟记于心；各种物质在特定条件下的状态、反应现象也要熟记，否则面对化学题中一环扣一环的条件，一旦有一个条件让你无法分辨其涉及的是哪一样或哪几样物质的时候，这道题的解答就成了问题。不要怕麻烦，不要怕自己忘，不停地记，在做题的过程中一再地熟悉。那么，该怎么"背"呢？我采用的是一般加特殊的方法。

张振同学的一般加特殊法中的"一般"是指共性，比如说某一族元素共同的地方，"特殊"是指个性，比如某些单质不同于其他单质的属性。一般加特殊法主要是利用元素周期表，通过元素周期率将每一周期和每一族的元素的共性集中记忆，然后单独记忆每一种元素或者是单个化合物的特性，这样就可以减少记忆量，提高记忆的准确度。

比如，元素周期表的第七族是卤族元素：氟、氯、溴、碘。这四种元素的单质以及化合物的性质比较多，不容易记忆，比如一些颜色和状态的变化。通过这种方法就可以比较容易地记住。根据元素周期律可以知道，卤族元素具有一定递变的规律，其中氟、氯、溴、碘单质的颜色从浅黄绿色到黄绿色，逐渐加深一直到紫黑色，而它们的溶解度，从溶解逐渐变小一直到稍溶。这样就可以轻松记住卤族元素颜色以及溶解度的变化。

同样，还可以通过这种方法来记忆卤族元素的其他一些知识，比如它们的最外层都有七个电子，最高电价都是七价，以及都能够与一些非金属发生反应等。除了共性之外，每一种元素都还有各自的特性，比如：氟能够与惰性气体发生反应，氟化氢非常稳定，这与其他卤素不同；溴的特性在于它是一种液体，也是惟一的一种液态的非金属单质，而且它的保存方法也比较特殊，试剂瓶的表面必须加入一定的水来防止它的发挥；碘的特性是它遇到淀粉会变成蓝色，以及加热的时候会直接升华。这些知识都是各种元素的特性，需要单独记忆。

⧗ **高效锦囊**

> 化学的知识点比较碎，很多同学把笔记按时间顺序记在同一个本子上，如果不是记性非常好，查阅起来可能会很耗精力。针对这个问题，你可以用一个活页本，按章或自己容易分辨的标准把课堂上或习题中筛选出来的不熟悉的零散知识分类记录下来。因为是活页可以随时添加，比如在某一个地方记基础理论，第二页可以记化学实验，有了其他新的内容还可以随时添加。

掌握了这个由一般到特殊，由共性到个性的学习方法，记忆化学中那些零碎知识将不再是一件让你头痛的事。

12. 化学复习要过"两关"

化学复习要过好两个关，一是细关，二是综合分析关。实践证明这是行之有效的。

优等生经验谈：胡慧琳，毕业学校：江西省南昌一中，2002 年考入北京大学信息科学技术学院。

和数学物理相比，化学的内容庞杂。铺开的面广，涉及的内容多而细。所以，这"细"是化学特有的卡人的关口。如何才能顺利通过呢？我认为关键在于多看书，勤看书，并把平时实验课上观察到的和书本上讲的联系起来，使记忆加深。如前两年高考一道化学题，全部取自书本。只要平时留心一下课本上的内容，实验时细心观察一下，是不难答出的。

那么，如何看书呢？ 胡慧琳同学认为应先粗线条地看。把高中三本书的主要内容拎一下，无非就是基本理论、元素化合物、有机化学、实验，把每一部分内容大致理一下，这样就把骨架架好。接下来的工作就是填上"肉"，再通过"血管神经"把各部分连接起来。填"肉"的过程是一个细致的过程，特别在复习元素化合物部分时，细就显得格外重要。一种物质的物理性质特别是状态、颜色、气味，每条都要记清楚。物质的化学性质如何，能和哪些物质反应，反应现象如何，这些也是应该弄清楚的，这种细的工作做第一遍时一定很烦人，但只要多做几次．把前一次忽略的或没记住的东西着重记一下，几次下来，整本书的内容差不多就吃透了。

过了细关就可以使自己在基本题目和细小的平时容易忽略的题目上应付自如。但还需过综合分析关。一般来说综合性计算题需要较高的综合分析能力，根据提供的条件，把各个环节综合起来考虑，这种综合分析能力只能通过平时不断提高训练．靠考前突击是徒劳无益的。平时多做题目，多分析，归纳题型，讨论方法，特别对自己做不出的题目，更要多分析。自己是卡在什么关口，是由于思路不宽找不到出路，或忽视了某个条件而找不到正确的方法还是轻率地下了结论找错了路，多给自己提一些问题，使自己去思考去解决，就可避免以后再犯同类的错误，也提高了自己综合分析的能力。

高效锦囊

在观察演示化学实验时．不应只看实验现象，还要注意实验装置，思考这样装置的根据是什么，有什么优点等。把几方面联系起来，观察演示实验才能有收获。

因此，在化学的学习中，同学们一定要随时检查自己，看看有没有被卡在这"两关"上。

13. 用专题总结带动知识落实

这种专题总结法适用于知识点比较琐碎的化学与生物。

优等生经验谈：陈敏，2005 年山西省理科状元，考入北京大学元培计划实验班。

　　与数学、物理相比，生物、化学知识零碎，记忆性知识点较繁杂，落实知识点与下笔做题之间的距离较小，正因为如此，对课本知识的熟练掌握就显得尤为重要。起初我并没有意识到这一点，只是机械做题，结果发现常常因为一两个知识点没有考虑进去而导致全盘皆输。开始我把这归因于粗心，后来发现这种粗心并不发生在其他学科上，而且连续做同一道题会犯同一错误。我才意识到粗心只是一个借口，归根结底是基础不牢固。于是我开始把更多的精力放在看课本上，然而一翻开课本就犯困，觉得特别乏味，而且经常会犯一种眼高手低的毛病，好像知识点都掌握了，但实际一遍遍翻下来收效甚微。相信不少同学也有类似经历，在这里我要推荐专题总结法。

专题总结其实是高考前第二轮复习常用的方法，主要是用专题总结来带动课本复习。对于生物、化学来说，如果把这种方法放在平时使用，可以更有效地落实课本知识点。在平常的学习过程中如果发现哪一个方面的知识点没有落实，就把相关知识点作为专题进行总结，专题可大可小，只要在总结过程中充分调动课本知识即可。这种方法首先有助于知识的系统化记忆，更重要的是，为使总结全面，必须盯紧课本每一个角落，从而总结一次就相当于细致地浏览了一遍课本，比起为浏览课本而浏览课本更有效、更有动力。

陈敏同学举例说，比如在做生物中有关酒精的专题时，我先闭上眼睛默想课本中哪些地方涉及酒精，分别利用什么原理，是多少浓度，有什么作用（这也是前面提到的主动思考），然后在课本中仔细搜寻，同时也就浏览了一遍课本。再如化学中，能源材料方面的知识点特别复杂，要求记忆的东西比较多，容易遗忘，我就把能源和材料作为一个专题进行总结，把每学年的化学课本都堆在一起，然后一页一页地翻，凡是与此有关的知识点我都摘录出来。这样的总结就有利于更系统地复习课本，更有效地把课本上的知识记到自己的脑子里。

⏳ 高效锦囊

通常化学和生物上有许多需要记忆的内容，而一些特殊的例子是可以帮助理解和记忆这些内容的。比如，指示剂变色范围可以用双指示剂滴定法记忆理解，酶活性的调节可以用氨基酸的生产来记忆理解。记忆之外，再加上自己的理解，应用起来效果也会很好。

14. 学习生物要背诵加推理

这是一种"文""理"结合的学习方法，因为生物虽属理科，但其本身却具有很明显的文科特征。

优等生经验谈：陈秀野，毕业学校：人民大学附中，2005 年北京高考状元，考入香港科技大学。

生物需要背诵的东西很多，书一定要一遍一遍地看，要看清其中的每一个细节，因为绝大多数题目都是直接或间接源自课本。对于高二或将上高二的学生，学有余力者应该回头看看初中的生物书，因为高中生物课程是默认大家初中学过生物的，但初中时可能很多同学学得不是很认真，而高中生物的教材和一些题目都默认大家还记得初中的生物知识，并在此基础上进行深化。如果把以前的知识忘得很干净，做题的时候可能就不太顺利。经常有一些别人能做出来的题，你根本就看不懂，甚至看完答案也搞不懂，所以如果有精力的话不妨把以前的生物书再看一看。

陈秀野同学的感觉是，掌握各种"常识"的人（对于讲不出道理的生物题的简单解释常常是"这是常识！"），做生物题时容易有优越感，而且不管题目怎样出，成绩通常都会稳定在不错的水平。而对于大部分人，因为各种并不常见的"常识"常常在题目中出现，如果有比较好的习题积累，到高三后期生物常识的掌握基本上也没问题了，但这需要你平时做有心人，随时随地积累，甚至反复记忆。其中许多是生物的基础知识，打基础就要不惜像学"文科"一样老老实实地背。当然在背诵积累的时候也要掌握技巧。比如生物学分类里面，植物分类到科之后，高考基本就不会涉及了，动物分类只要掌握一些比较常见的生物就可以了，例如蚯蚓、水螅等。

但是，生物毕竟还是理科，虽然要背的东西很多，但不用逻辑推理是学不好的。有一些生物问题，如果动动脑子，就可以得出很有趣的结论或者发现一些很有意思的现象。而且生物学中有许多内在联系，教材中不见得提到，勤于思考对于深刻理解生物学中的内在联系是很有益的。

⌛ 高效锦囊

学习生物要重点攻破几个重要的堡垒，比如遗传与变异、生物工程、生物圈与生物网、育种等，对这些重点知识一定要不厌其烦的练习。

近年来，高考中生物试题的难度在逐渐加大，同学们一定要引起重视

15. 注意掌握数学思想方法

在数学课上，同学们对老师讲的概念、定理、例题等都非常重视，却往往容易忽略老师在讲课过程中所运用的数学思想方法。

优等生经验谈：张凯，毕业学校：深圳中学，考入清华大学电子工程系。

很多同学可能都没有意识到，上课时，老师常有针对性地介绍学习方法，有时又寓学法于讲解、归纳、演绎、分析、综合、解题之中，潜移默化地"授人以法"。对我们来说，一定要有意识地捕捉这些解题、分析教材、记笔记、总结、系统归类、对比、演示、变式等技巧。这些内容对我们来说都是无价之宝。

数学思想方法也是重要的数学知识，重视数学思想方法的学习有利于掌握数学思维的规律，提高数学思维能力。归纳起来数学思想方法有三种：

（1）转化

在有理数的运算中将减法转化为加法、除法转化为乘法，方程中的三元转化为二元、二元转化为一元等都是典型的转化的思想方法。应用转化的思想，首先要把握好化繁为简、化难为易、化未知为已知的转化的根本方向和基本原则；其次，要掌握好一些常用的具体转化方法，如"变形"、"还原"、"添辅助线"等。

（2）比较

比较是思维和理解的基础。在学习新知识时要习惯思考它是在哪些已有的知识基础上形成的。

比较分为类比和对比：类比是相同点的比较，对比是不同点的比较。例如，把列代数式与列算式进行类比时，可以借助列算式的经验来学习列代数式。这样就能做到以旧推新，有利于新知识的掌握。

（3）分类

就是根据学习的需要，按照一定的原则对学习对象的划分。中学数学中的分类思想比比皆是，如有理数的分类、直线位置关系的分类等。要正确分类，应注意：按同一标准分类；不能遗漏；没有重复。如把有理数分为正有理数、负有理数，这就遗漏了既不是正有理数，也不是负有理数的有理数"0"。分类能帮助我们把复杂的材料或研究对象条理化、系统化，使我们形成简单的、高效率的思维方式。

⏳ 高效锦囊

> 老师在传授知识时绝不是单纯传授科学家们已获得的结论，而是结合科学家们怎样从生动的直观出发，通过概念，判断、推理等揭示事物内在规律的过程来传授科学原理的。但在听课中，有些同学往往记住了科学结论，而忽略了科学过程。这样学得的知识不过是僵死的教条。

16. 掌握数学语言是学好数学的关键

各行各业都有自己的专业用语，俗话说：不懂行话难入门。要想上好数学课，读好数学书，要能正确地思考、解答数学问题，不学好数学语言是不行的。

优等生经验谈：冯铁夫，毕业学校：吉林省农安中学，考入北京大学生命科学学院。

数学语言的特点是；简练、严密、精确、抽象。数学的字母化和符号化，和生活用语相比，显得更加简明、抽象。例如，大于5的数有无穷个，则可简明为 x ＞ 5。如何根据这些情况，提高它和普通语言之间的"转译"能力，是正确理解数学语言的关键。

学习数学语言要注意以下几个方面：

首先，要注意数学语言的附加部分。如，"规定了原点、正方向和单位长度的直线叫作数轴"。这里主要成分是"直线叫数轴"，附加部分指明了数轴的 3 个要素：原点、正方向和单位长度。可见，附加部分是表述精确、判断和推理无误的关键部分，不可粗心，不可不求甚解。

其次，要注意由关联词语连接起来的各种类型的复句，确切弄清每个关联词语的含义，分清复句中各个分句之间的关系。如："不论……都……从而……于是……""若……则……""……且……"等等，这些句式的含义必须搞请。

第三，对于结构复杂的长句，要注意理清层次结构，先"拆开"，再"组装"。如对余弦定理的叙述是：三角形任何一边的平方等于其他两边平方的和减去两边与它们夹角的余弦的积的两倍，对这个 38 字的长句的理解，可抓住其中"等于"和"减去"两个词，把原句"拆"成 3 个分句，分别弄懂后再"组装"。

⌛ **高效锦囊**

> 学好数学，需要提高文字、式子和图形的"互译"能力，"互译"能力越强，驾驭数学语言的能力就越强。比如：直角三角形两直角边的平方和等于斜边的平方，这是文字语言。如果用式子语言表述，则是 $d2 + b2=c2$。

17. 如何上好物理实验课

物理实验，是一种独特的学习活动，在某种意义上也是学生主动干预物理现象的过程。

优等生经验谈：焦悦光，毕业学校：湖北省汉阳高中，考入清华大学电子工程系。

作为实验性很强的学科，"大概"、"差不多"、"估计"等词语是不应该出现在物理中的。自己亲手所做的实验往往印象是比较深的。比如在通常情况下，人们往往认为触电是与电势有关的。如果亲自做过人体带电的试验后，就会发现人体带上几十万伏的电势也不会触电，从而知道触电是由于有电流通过人体而发生的。

近年来，高考物理试卷中，重视了对物理实验能力的考核，但是，目前在中学物理学习中，实验学习依然是一个薄弱环节。那么，中学生如何才能上好物理实验课呢？

（1）注意实验中的观察与思考

在实验过程中，为了进行正确的思维活动，必须认真观察，并在观察中进行深入思考，这样才能加深对基础知识的理解，而新的发现和创造也往往产生于观察与思考中。如在引入"牛顿第一运动定律"前做有关演示时，当观察了同一高度处的小车从斜面上分别经过毛巾、棉布、木板表面时运动的距离不同后，我们应自觉地思考：小车在不同的水平面上运动的距离大小跟什么有关？当小车在水平面上运动、摩擦力很小时，运动的距离很大吗？当小车在光滑的平面上（无阻力）运动时，运动的距离将有多远？经过观察、思考、推理，加深对定律的理解。

（2）做好实验的分析与总结

做物理实验时，仅仅记下一些物理量的大小和实验现象是不够的，还需要将测得的数据进行归纳整理，由表及里、去粗取精，运用数学工具（如代数法和图像法），总结出物理规律。

（3）写好实验报告

实验报告的内容包括：实验名称、实验目的、主要原理、关键性步骤、数据的记录（表格）、运算和结果、误差分析、回答问题。实验报告要字迹清楚，段落分明，实验目的、原理、步骤要用用自己的语言简练地写明，数据记录要齐全、真实，表格要合理清楚，回答问题要反映出自己在实验中的切身体会。

⏳ 高效锦囊

在上物理实验课前要做好预习。为了使实验操作能准确和顺利达到预期效果，必须进行预习。预习时要明确实验目的，弄懂实验中用到的有关理论，熟悉所使用的仪器（注意仪器的型号），了解实验步骤和应注意的事项。

18. 抓住化学概念中的关键词

上化学课时，很多同学都反映一些化学概念晦涩难懂，就只对化学实验感兴趣，而忽略了对基本概念的学习。其实，化学基本概念是反映物质在化学运动中的特有属性的一种表现形式，它同时也是构成化学知识的"细胞"，在化学学习中占有十分重要的地位。因此，同学们在上课时应加强化学基本概念的学习。

优等生经验谈：韩世亮，毕业学校：哈尔滨师大附中，考入清华大学化学系。

由于化学概念中的字词都经过了认真推敲并有其特定意义，所以在理解概念时也要像给概念下定义时那样仔细推敲每一个字词，尤其是关键词。我们知道准确、系统地掌握化学的基本概念是学好化学的基础。不论是学习化学理论，还是学习化学实验，最根本的就是掌握有关基本概念。

因此，我们在学习化学基本概念时，要注意准确性、系统性和灵活性。

（1）准确性

所谓准确性，就是要对基本概念有深刻的理解，不能含糊其词。例如，气体摩尔体积的概念："在标准状况下，1摩尔的任何气体所占的体积都约为22.4升，这个体积叫作气体摩尔体积。"这里面的"标准状况"、"1摩尔"、"任何气体"、"22.4升"都有具体的含义，只有对每一层的含义都有清楚的认识，才能准确地把握这一概念。

（2）系统性

所谓系统性，则是要注意一些基本概念之间的紧密联系。例如，氧化和还原，他们之间的联系从表面上看是氧的得失，实质上则是电子的转移。抓住了氧化与还原的内在联系，就能很好地理解"被氧化""被还原""氧化剂""还原剂""氧化性""还原性"等概念。

（3）灵活性

至于灵活性，是指学会运用基本概念去分析和解决问题，这一点尤为重要。又如电解质的定义如下："在溶解或熔化时易导电的化合物叫电解质。"有不少同学就对这个概念的理解有点问题，认为硫酸钡是非电解质，其原因就在于没有注意概念中的"或熔化"三个字，因为，硫酸钡虽然难溶于水，在水中不易导电，但它在熔化状态下易导电。

⌛ 高效锦囊

学习化学概念要深入理解化学用语的内涵及外延。如 F+9，它的内在含义是 +9 表示原子核内有 9 个质子，核内带 9 个单位正电荷；两条弧线上数字表示核外第一层排 2 个电子，第二层排 7 个电子，它的外在含义表示氟原子最外层有 7 个电子，易获得一个电子达到惰性气体的稳定结构，因此氟元素是活泼的非金属元素，具有强氧化性等。